Brigitte Pyerin
Kreatives wissenschaftliches Schreiben

Brigitte Pyerin

Kreatives wissenschaftliches Schreiben

Tipps und Tricks gegen Schreibblockaden

2., aktualisierte Auflage 2003

Juventa Verlag Weinheim und München

Die Autorin

Brigitte Pyerin, geb. 1949, Dr. phil., ist Professorin für Erziehungswissenschaft an der Hochschule Zittau/Görlitz (FH). Ihre Arbeitsschwerpunkte sind Kreatives (wissenschaftliches) Schreiben, Ästhetische Bildung sowie Sozialisationstheorie und -forschung.
E-mail: b.pyerin@hs-zigr.de
www.hs-zigr.de/~pyerin

Die Deutsche Bibliothek - CIP-Einheitsaufnahme

Ein Titeldatensatz für diese Publikation ist bei
Der Deutschen Bibliothek erhältlich.

© 2001 Juventa Verlag Weinheim und München
Umschlaggestaltung: Atelier Warminski, 63654 Büdingen
Umschlagabbildung: H.-J. Keyenburg, Ende einer Korrespondenz, 1982
Printed in Germany

ISBN 3-7799-1076-4

Inhalt

Einleitung

„Ich muss eine Hausarbeit schreiben, - hab' aber keine Ahnung, was mein Prof von mir erwartet!" „In meinem Kopf herrscht das absolute Chaos. Ich hab eine Menge zu meinem Thema gelesen - doch worüber soll ich nun schreiben? Und vor allem wie?!!"

Wenn Sie sich diese oder ähnliche Fragen stellen, dann halten Sie jetzt genau das richtige Buch in Händen. Lassen Sie sich nicht entmutigen, vergessen Sie die bedrohlichen Bücherstapel auf Ihrem Schreibtisch, das Dickicht von komplizierten Regeln und die Angst vor dem leeren Blatt. Das wissenschaftliche Schreiben ist keine Hexerei, jeder und jede kann es lernen. Es gibt eine Menge gutes Handwerkszeug, das Ihnen helfen kann, die einzelnen Arbeitsschritte und die typischen Schwierigkeiten beim Schreiben einer wissenschaftlichen Arbeit in den Griff zu bekommen. Dieses Buch enthält neben wichtigen Grundlagen zahlreiche Übungen und Techniken, die Sie darin unterstützen sollen, das wissenschaftliche Arbeiten systematisch und gleichzeitig gelassen und kreativ anzugehen.

Was sind Inhalt und Anliegen dieses Buches?

Schreiben und erst recht wissenschaftliches Schreiben ist ein ziemlich komplexer Vorgang. Es kommt nicht nur auf Denkleistungen und Kenntnisse an, sondern auch auf Gefühle. Gefühle begleiten und steuern jeden Schreibprozess. Nur wenn auch sie angemessen berücksichtigt werden, entstehen lebendige und unverfälschte Texte statt Schreibblockaden. So das Fazit von Kapitel eins.

Wissenschaftliches Schreiben ist nicht ausschließlich mit methodischem Vorgehen, Disziplin und Mühe verbunden, es kann und sollte auch Spaß machen! Darum vor allem geht es in Kapitel zwei. Wenn neben konzentrierter Textarbeit schöpferisches Tun und Sprachexperiment stehen, dann wird Schreiben als kreativer Prozess erlebbar, als eine spannende Auseinandersetzung mit wissenschaftlichen Themen und der eigenen Persönlichkeit.

Im dritten Kapitel werden weit verbreitete Vorurteile, Ängste und Fehlstrategien thematisiert. Es ist wichtig, sich klarzumachen, dass man wissenschaftliches Schreiben ganz allmählich in einem längeren Übungsprozess lernt - genau wie das Klavier- oder Tennisspielen. Man muss sich also Zeit nehmen und Geduld mit sich selbst haben. Auch Gelassenheit ist sehr hilfreich und der Mut, einfach drauflos zu schreiben. Mit den richtigen Methoden: kein Problem!

Um Ihnen den Einstieg zu erleichtern stelle ich in Kapitel vier Schreibspiele und Methoden des Kreativen Schreibens vor. Experimentieren Sie damit nach Herzenslust, alleine oder in der Gruppe! Sie werden erfahren, wie beim Schreiben begriffliches und bildhaftes Denken zusammenwirken, und wie sowohl Ihre geistigen als auch Ihre kreativen Potenzen aktiviert werden. Es wird Ihnen relativ leicht fallen, auch Chaotisches und Unlogisches zunächst zu akzeptieren und eine Fülle von Ideen zu sammeln, die sie dann ganz allmählich und wohl geordnet aufs Papier bringen können.

Beim Schreiben von wissenschaftlichen Arbeiten müssen Sie bekanntlich auch bestimmte Regeln und Techniken anwenden. In Kapitel fünf können Sie sich z.B. über korrektes Zitieren und Exzerpieren, über effektives Lesen oder über das Anlegen einer Kartei informieren.

Hausarbeiten ohne Hand und Fuß, unbelegte Thesen, unleserliche Folien - das muss nicht sein. Wie Sie es besser machen können, zeigt Ihnen Kapitel sechs. Wichtige Textsorten jedes Studiums (Hausarbeit, Referat, Diplomarbeit) und elementare Textmuster stehen im Mittelpunkt.

Kapitel sieben schließlich informiert Sie über die vier Phasen jedes wissenschaftlichen Schreibprozesses und liefert sowohl für das Sammeln und Strukturieren von Material als auch für das Ausformulieren und Überarbeiten von Texten zahlreiche Techniken und Tipps.

Wie kann man das Buch benutzen?

Die einzelnen Kapitel sind als Bausteine konzipiert; so können Sie je nach Neigung und Fragestellung Ihre individuelle Auswahl treffen und eine eigene Reihenfolge entwickeln. Das Sachregister am Ende des Buches erleichtert Ihnen das gezielte Auffinden der gerade benötigten Informationen. Sie brauchen dieses Buch also nicht vollständig durchzuarbeiten, bevor Sie sich an das wissenschaftliche Schreiben heranwagen. Unbedingt lesen aber sollten Sie die *ersten* drei Kapitel. Diese werden möglicherweise auch bei Ihnen so manches Vorurteil über das wissenschaftliche Schreiben auflösen und Ihnen unnötige Schreibhürden von vornherein aus dem Weg räumen.

Dieses Lese-, Nachschlag- und Übungsbuch verbindet konventionelle Arbeitstechniken mit eher ungewöhnlichen Herangehensweisen. Schreibspiele stehen neben trockenen Zitierregeln: Das erleichtert ein Hin- und Herpendeln zwischen systematischem Arbeiten und Freude am Experimentieren. Natürlich kann man auch aus diesem Buch nicht alles lernen, was man beim wissenschaftlichen Schreiben können muss. Viele Studierende, die meine Einführungskurse zum wissenschaftlichen Schreiben[1] besucht und mit Teilen dieses

---

1 Ich führe seit 1997 an der Hochschule Zittau/Görlitz Veranstaltungen zum Kreativen Schreiben und zum Kreativen wissenschaftlichen Schreiben durch. Die Beispieltexte in Kapitel vier sind zum größten Teil in diesem Rahmen entstanden. Sie stammen

Buches schon gearbeitet haben, bestätigen mir aber, dass sich sowohl ihre Schreiblust als auch ihre Schreibkompetenz positiv entwickelt haben.

Und jetzt wünsche ich auch Ihnen viel Erfolg und Spaß beim Schreiben!

---

von Studierenden der Kommunikationspsychologie, der Sozialarbeit/Sozialpädagogik sowie der Heil- und Behindertenpädagogik.

1. Was beim wissenschaftlichen Schreiben alles passiert: Ergebnisse der Schreibforschung

In der Regel wird dem Schreiben eine einzige Aufgabe zugeordnet, nämlich irgendwelche Inhalte so korrekt wie möglich aus dem Kopf auf das Papier zu befördern. Dabei lautet die Devise: Erst klar denken, dann klar formulieren, denn nur klare Gedanken können klar formuliert werden. Wer kennt diese weitverbreitete Auffassung nicht? Die schulische Schreibsozialisation ist davon geprägt. Die meisten von uns haben gelernt bzw. wurden darauf getrimmt, einen Satz oder gar Aufsatz erst dann aufs Papier zu bringen, wenn er in unserem Kopf praktisch fix und fertig ist (vgl. Becker 1994, S. 9). Diese Herangehensweise gilt heute durch neuere Ergebnisse der Schreibforschung und langjährige Erfahrung mit den Methoden des Kreativen Schreibens als widerlegt. Schreiben ist eine *spezielle Form des Denkens und Lernens*. Indem ich schreibe, ordnen sich meine Gedanken, gewinne ich Einsichten in komplexe Sachverhalte, präge ich mir Lernstoff ein (vgl. Hornung 1996, S. 225 ff.).

Schreiben wird auch als eine komplexe Form des Problemlösens beschrieben: Je nach Situation, Mitteilungsabsicht und Textart beruht das Schreiben auf sehr unterschiedlichen psychischen Prozessen, wird eine jeweils andere Kombination von miteinander interagierenden Teilkompetenzen benötigt und macht sehr unterschiedliche Planungs- und Formulierungsschritte erforderlich. Je nachdem, ob eine Gebrauchsanweisung, eine wissenschaftliche Abhandlung oder ein Gedicht entstehen soll, werden jeweils andere kognitive und sprachliche Fertigkeiten gebraucht, kommen andere soziale Momente und Emotionen ins Spiel, die koordiniert und reflektiert werden müssen (vgl. auch Portmann 1996, S. 161 und Schneuwly 1996, S. 29).

Beim Schreiben sind also vielfältige kognitive, soziale, sprachliche und kreative Leistungen zu erbringen; daneben gibt es gewichtige emotionale und unbewusste Prozesse, die jeden Schreibprozess beeinflussen. Schreiben hat auch sehr unterschiedliche Funktionen: Es dient dem Erwerb und der Strukturierung von Wissen ebenso wie der Weitergabe von Informationen oder dem Reflektieren oder Generieren von Ideen und Zusammenhängen; Schreiben kann auch der Selbstwahrnehmung und Selbsterfahrung dienen; zudem kann es entlastende, therapeutische Potenzen entwickeln - um nur einige Beispiele zu nennen. Schreiben ist also ein spannender *hochkomplexer und vielschichtiger Vorgang*, über den es sich lohnt, mehr zu wissen.

Das wissenschaftliche Schreiben ist ein besonders anspruchsvoller Prozess und erfordert „Fähigkeiten von einer schwer vorstellbaren Komplexität. Logische, semantische, grammatikalische, motorische und kommunikative Fähigkeiten müssen zusammentreffen, um einen Schreibfluss zu erzeugen, der zu einem konsistenten Text führt" (Kruse 1997, S. 48). Es sind verschiedene Aufgaben gleichzeitig zu erledigen, sodass Schreibende potentiell immer überfordert sind. Deshalb ist es hilfreich, die einzelnen Teilprozesse des Schreibvorgangs zu kennen und sie so weit wie möglich zeitlich zu entzerren - indem man beispielsweise das Korrigieren und Feilen an einem Text als gesonderten Arbeitsgang ganz an das Ende des Schreibprozesses stellt, anstatt sich von Anfang an mit Fragen des Ausdrucks und der Sprachästhetik zu belasten (vgl. Becker 1994, S. 28 ff.). Neben den vielfältigen kognitiven Aspekten ist auch die *emotionale Dimension* des Schreibprozesses zu berücksichtigen. Darüber Bescheid zu wissen und in Bezug auf den eigenen Schreibprozess reflektieren zu können, hilft über so manche Hürde beim Erlernen und Praktizieren des wissenschaftlichen Schreibens hinweg. Deshalb will ich Ihnen zunächst eine erste Vorstellung davon vermitteln, was beim (wissenschaftlichen) Schreiben alles passiert.

1.1 Die kognitive Dimension des Schreibprozesses

Seit Mitte der 70er Jahre sind die kognitiven Prozesse, die der Produktion längerer, komplexerer Texte zugrunde liegen, Gegenstand der Schreibforschung. Ihr Ziel ist es, die während des Schreibens ablaufenden kognitiven Prozesse zu erfassen und zu analysieren. Linda Hayes und John Flower (1980), deren Modell des Schreibprozesses innerhalb der kognitiven Schreibforschung wohl am bekanntesten ist, beobachteten geübte SchreiberInnen mit der Methode des lauten Denkens. Die Denkprotokolle wurden dann danach ausgewertet, welche kognitiven Aktivitäten und Steuerungsprozesse während der Textproduktion auftreten. Auf dieser Grundlage entwickelten Hayes und Flower ein Modell, in dem sie im Wesentlichen drei Prozesse unterscheiden:

- *Planen bzw. Vorbereiten:* Suche und Organisation des Materials;

- *Übersetzen / Formulieren:* Transformieren des strukturierten Materials in Sätze;

- *Bearbeiten / Überarbeiten:* Lesen der geschriebenen Sätze, Bewertung und korrigierende Veränderung.

Diese drei Prozesse, deren Abfolge durch eine Prüfinstanz, den so genannten „Monitor", gesteuert wird, untergliedern sich nochmals in Subprozesse. Der Prozess des Planens z.B. beinhaltet das Bereitstellen von Wissen aus dem Langzeitgedächtnis, das Bestimmen von Schreibzielen und die Strukturierung des Materials / Wissens.

Neben dieser von Hayes und Flower beschriebenen Auffächerung des Schreibprozesses in einzelne Komponenten ist ihre Feststellung interessant, dass es keine feste Abfolge der einzelnen Prozesse gibt, dass sich die einzelnen Tätigkeiten überlappen, dass alle Prozesse beliebig oft wiederholt werden können, wobei sich zeitlich spätere mit vorausgehenden Aktivitäten vermischen können. Was im Modell als ein geordnetes Hintereinander erscheint, geschieht in der Realität also gleichzeitig. Beim Schreiben und Komponieren eines Textes interagieren die einzelnen Subprozesse wie Planen, Informationssuche, Strukturieren von Material, Gestaltung von Sprache und Überarbeiten unentwegt miteinander. Und das Gelingen des gesamten Schreibprozesses hängt davon ab, inwieweit jede einzelne Teilaufgabe gelöst wird (vgl. Baurmann 1989; Kruse 1997, S. 48 ff.; Molitor-Lübbert 1989).

Hayes & Flower (1980) vergleichen das Schreiben mit dem Jonglieren von mehreren Bällen. Und zwar nicht nur deshalb, weil verschiedene Arbeitsschritte ineinander verschränkt zu bewältigen sind, sondern weil darüber hinaus weitere Bezugspunkte zu berücksichtigen sind. Schreiben bezieht sich:

1. auf den *Gegenstand,* über den geschrieben wird. (Ein solides und flexibel handhabbares Wissen darüber ist notwendige Grundlage des Schreibprozesses);

2. auf die *sprachlichen Gewohnheiten* (Terminologie, Satzbau etc.) des entsprechenden Textgenres;

3. auf die *AdressatInnen,* denen der Text gilt (rhetorische Anforderungen: Kenntnis der kommunikativen Zusammenhänge, innerhalb derer ein Text wirksam wird / werden soll) (vgl. Kruse 1997, S. 51 f.).

Die genannten Anforderungen gelten für viele Arten von Texten. Beim Produzieren von wissenschaftlichen Texten kommen einige erschwerende Faktoren hinzu: Ein hohes Maß an Planung, systematischem Recherchieren nach Material und explizitem Strukturieren des Materials ist erforderlich. Für das Abfassen etwa einer Diplomarbeit oder einer Hausarbeit müssen Studierende über eine breite und differenzierte Wissensbasis verfügen bzw. sich diese aneignen. Der lange Zeitraum, über den sich wissenschaftliche Schreibprojekte, vor allem Diplom- oder Doktorarbeiten, erstrecken, stellt eine zusätzliche Herausforderung dar.

1.2 Die „innere Sprache" als Voraussetzung für den Schreibprozess

Auf der Grundlage heutiger Spracherwerbstheorien und Spracherwerbsforschung lässt sich feststellen, dass jeder Schreibprozess bei der „inneren Sprache" beginnt. Bevor dieser nämlich einsetzen kann, muss „das zu Schreibende latent in ihr präsent sein" (Gössmann 1987, S. 40).

Die „innere Sprache" wurde von Piaget bei seinen Forschungen über Selbstgespräche bei Kindern entdeckt und von Wygotsky in ihrer Beziehung zum Denken experimentell untersucht. Unter „innerer Sprache" versteht man das schweigende mit sich selbst Sprechen, das sich in der Kindheit herausbildet und das ganze Leben über erhalten bleibt. Daneben entwickelt sich die Fähigkeit zur kommunikativen Sprache im Alltag und im wissenschaftlichen Diskurs. Die „innere Sprache" ist nicht zur Mitteilung bestimmt, sie ist eine Sprache für den Sprechenden selbst. Sie entsteht durch Individualisierung der „äußeren Sprache", die sich das Kind durch die Imitation des elterlichen Sprechens aneignet. Die „innere Sprache" ist für andere schwer verständlich; sie wirkt zusammenhanglos und fragmentarisch, und arbeitet mit speziellen Verkürzungen, wobei Syntax und Phonetik vernachlässigt werden; sie „funktioniert eher als Teil einer privaten Bilderschrift und entspringt dem halbbewussten Bewusstseinsstrom" (vgl. von Werder 1993, S. 19).

Für den Schreibprozess ergibt sich daraus Folgendes: Es kommt vor allem zu Anfang des Schreibprozesses darauf an, die „innere Sprache" zu stimulieren und gedanklich anzureichern. Der Schreibprozess selbst stellt dann den Versuch dar, die „innere Sprache" in die äußere, also eine ausformulierte und für andere verständliche Sprache zu transformieren. Da aber die Struktur der „inneren Sprache" von der der geschriebenen Sprache abweicht, ergeben sich für diesen Umsetzungsprozess erhebliche Schwierigkeiten, die individuell sehr verschieden sein können (vgl. Gössmann 1987, S. 40). Für den Gebrauch der wissenschaftlichen Schriftsprache ist ein noch größerer Transformationsschritt erforderlich, da die wissenschaftliche Schreibqualifikation einen erheblichen Zuwachs an Abstraktion und den Gebrauch spezifischer Fachbegriffe sowie besondere Kenntnisse in den wissenschaftlichen Fachdiskursen voraussetzt. Damit haben viele Studierende Probleme, vor allem dann, wenn sie keine ausreichende Information, Unterstützung und Anleitung beim Erlernen und Bewältigen dieser Umwandlungsprozesse erfahren (vgl. von Werder 1993, S. 20).

Aufgrund empirischer Untersuchungen konnte gezeigt werden, dass beim Schreiben, auch beim wissenschaftlichen(!) Schreiben, emotionale und unbewusste Prozesse eine bedeutsame Rolle spielen. Aufgrund dieser Tatsache formuliert von Werder (1993, S. 22), der sich vor allem auf amerikanische Studien bezieht, folgende Kritik am kognitiven Modell des Schreibprozesses:

– Es fixiert das Ideal des wissenschaftlichen Schreibens auf das Paradigma eines emotionslosen, sachlichen Informationstextes.

– Es verschleiert die emotionelle Dynamik, die die Produktion wissenschaftlicher Texte begleitet.

– Es erweckt den Eindruck, wissenschaftliches Schreiben sei so etwas wie die Simulation der Arbeit eines Computers.

– Es gibt den Studenten keine Information, wie sie mit ihren Schreibemotionen umgehen können.

– Wegen der Verschleierung der wirklichen Probleme beim Lernen des wissenschaftlichen Schreibens kann dieses Modell leicht das Gegenteil von dem bewirken, was es eigentlich möchte: An die Stelle des Schreibprozesses treten emotionelle Vertiefungen von Schreib- und Identitätskrisen.

1.3 Die emotionale Dimension des Schreibprozesses

Otto Kruse, der sich in seinem Buch „Keine Angst vor dem leeren Blatt" (1997) differenziert mit der Thematik Schreiben und Emotionen auseinander setzt, stellt fest:

> Schreiben ist nicht nur eine Sache des Verstandes. Schreiben ist vielfach mit starken Gefühlen verbunden (...). Ohne emotionale Beteiligung lässt sich kein Text verfassen. Es wäre irrig anzunehmen, Gefühle seien allein Sache des poetischen Schreibens oder gehörten in Liebesbriefe. (S. 58)

Wissenschaftliche Texte erscheinen zwar in der Regel als „emotional gereinigt", vermitteln den Eindruck, ohne Gefühlsbeteiligung abgefasst worden zu sein. „Im Produktionsprozess aber ist das Schreiben allemal ein emotionaler Akt" (Kruse 1997, S. 58). Es ist also lohnend, die verschiedenen Emotionen und unbewussten Prozesse, die uns auch beim wissenschaftlichen Schreiben begleiten, etwas näher zu beleuchten.

Zu berücksichtigen sind zunächst die *Gefühle, die sich auf die Erfahrung des Schreibens beziehen.* Der Vorgang des Schreibens - und das gilt auch für das wissenschaftliche Schreiben - erzeugt Gefühle. So kann ein Wissenschaftler beim Abfassen einer wissenschaftlichen Abhandlung von ganz ähnlichen Gefühlen beherrscht werden wie ein Lyriker beim Schreiben eines Gedichtes (vgl. von Werder 1993, S. 20 f.). Wir erleben positive Gefühle, wenn wir uns beim Schreiben als produktiv und kreativ erleben, wenn uns einzelne Passagen oder Formulierungen besonders gut gelingen; negative Gefühle hingegen erleben wir, wenn das Schreiben nicht vorangeht. Das passiert vor allem dann, wenn wir ein zu komplexes Thema gewählt haben, oder wenn wir das zum Thema angesammelte Material nicht ausreichend durchstrukturiert haben. Schreiben ist „ein unmittelbar selbstbestätigender Vorgang, der das Selbstwertgefühl direkt anspricht" (Kruse 1997, S. 58). Deshalb sollten wir uns weder überfordern noch unterfordern. Optimal im Hinblick auf die Schreibmotivation ist es, wenn wir die Anforderungen an uns selbst so gestalten, dass sie immer ein wenig über unserem tatsächlichen Leistungsvermögen liegen (vgl. Kruse 1997, S. 58 f.).

Wissenschaftssprache zeichnet sich durch einen hohen Abstraktionsgrad und eine spezifische Fachterminologie aus, ist also maximal weit entfernt von unserer „inneren Sprache". Beim Schreiben von wissenschaftlichen Texten werden deshalb sehr große Transformationsschritte erforderlich. Ob diese gelingen, hängt entscheidend davon ab, ob wir uns auf unsere „innere Sprache" einlassen können. Viele Menschen haben damit - vor allem zu Beginn ihrer wissenschaftlichen Schreibkarriere - große Probleme und bauen entsprechend große emotionale Widerstände auf, die sehr hinderlich sein können (vgl. von Werder 1993, S. 20).

Es wurde nachgewiesen, dass sich die individuellen Emotionen von Schreibenden während des Schreibprozesses verändern: Die positiven Gefühle nehmen zu, die negativen nehmen ab; das gilt insbesondere für erfahrene Schreiber. Außerdem ist festzustellen, dass das Schreiben in der Gruppe positive Gefühle befördern und so manche Ängste und Frustrationserlebnisse ersparen kann. Diese beiden Beobachtungen sprechen dafür, dass wissenschaftliches Schreiben in Gruppen - gerade für ungeübte wissenschaftliche Schreiber und Schreiberinnen - Erfolg versprechender und angenehmer verlaufen kann als das Schreiben im stillen Kämmerchen (vgl. von Werder 1993, S. 402).

Auch die *Gefühle, die mit der stilistischen Qualität eines Textes verbunden sind,* sollte man nicht außer Acht lassen. Oft verbinden wir mit dem Schreiben hohe Ansprüche an Stil und Sprachästhetik, die wir aus der Lektüre von belletristischer oder wissenschaftlicher Literatur ableiten. Diese Vorstellungen sind jedoch meistens recht diffus. „Das ist die effektivste Bremse, die es beim Schreiben gibt" (Kruse 1997, S. 60). Um schneller an sein Schreibziel zu kommen, kann man versuchen, einmal eine Zeit lang „besonders schlechte Texte zu schreiben und eine ruppige, gerade Sprache zu verwenden" (Kruse 1997, S. 60).

Wichtig sind auch die *Gefühle, die sich auf die Arbeitsbedingungen beim Schreiben beziehen.* Die Gefühle, die wir beim Schreiben entwickeln, hängen maßgeblich auch von der Qualität der äußeren Bedingungen ab. Zum wissenschaftlichen Schreiben brauchen wir bestimmte Arbeitsmittel wie Schreibtisch, Schreibutensilien, Fachbücher und einen Computer, außerdem einen geeigneten Raum und eine einladende Arbeitsatmosphäre. Wer schreibt schon gerne in einer ungeheizten Studentenbude auf einem kleinen freigeräumten Platz eines ansonsten überquellenden Schreibtisches? Positiv kann der Schreibprozess auch dadurch beeinflusst werden, dass man verschiedene Schreibplätze wie das Bett, eine Wiese oder ein Café ausprobiert (vgl. Kruse 1997, S. 61 f.).

Auf keinen Fall übersehen sollten wir die *Gefühle, die sich auf die biographische Bedeutung eines Textes beziehen.* Wissenschaftliche Arbeiten, vor allem Diplomarbeiten oder Dissertationen, können für die Bildungskarriere eines Menschen von großer Bedeutung sein. Deshalb sind sie auch oft mit intensiven Gefühlen des Stolzes oder aber mit Versagensängsten besetzt. Solche Emotionen können die Schreibarbeit sehr stark belasten oder gar blockieren. Die Gefahr der Schreibblockade ist besonders groß, wenn mit dem Thema der Arbeit zugleich ein zentrales oder gar akutes Problem der eigenen Biographie angesprochen ist. Es ist also empfehlenswert, spätestens dann, wenn man mit einem Thema Schwierigkeiten hat, die persönlichen Bezüge dazu zu überprüfen. Fragen wie „Was hat das Thema mit mir oder mit meiner Beziehung zu meinen Eltern zu tun?" oder „Welche Bedeutung hat das Thema für meinen beruflichen Werdegang?", sind jedoch oft nicht leicht zu beantworten, vor allem dann nicht, wenn starke Gefühle im Spiel sind: Diese sind für das Bewusstsein oft gar nicht oder nur schwer greifbar (vgl. Kruse 1997, S. 63).

Auch *Gefühle, die sich auf die (potentiellen) Adressaten und Adressatinnen des Textes beziehen,* können den Schreibprozess erheblich beeinflussen. Die Gefühle, die man etwa der Betreuerin einer Arbeit entgegenbringt, gehen auch in den Schreibvorgang ein. Hält man diese für pedantisch, so kann ihr vorweggenommenes Urteil das Schreiben allemal zur Qual machen. Schwierig kann es auch sein, für Leser zu schreiben, die man wegen ihrer wissenschaftstheoretischen Ausrichtung oder ihrer Qualifikation nicht schätzt, denen man sich verweigern oder etwas beweisen will. Solche oft unbewussten und emotional sehr intensiven negativen Beziehungen zu den Textadressaten sollte man versuchen zu erkunden und so weit wie möglich zu kontrollieren, z.b. indem man die „inneren Monologe" beobachtet, die man mit ihnen führt (vgl. Kruse 1997, S. 64 f.).

Auch *Gefühle, die sich auf einzelne Begriffe oder Ideen beziehen* spielen eine Rolle, was zunächst befremdlich klingt. Es ist aber eine Tatsache, dass Begriffe oder Ideen, die als markant für bestimmte Theorien und wissenschaftliche Grundhaltungen gelten, emotional oft stark - positiv oder negativ - besetzt sind. Eine bestimmte Begrifflichkeit zu verwenden oder zu vermeiden heißt, sich zuzuordnen, Sympathie oder Antipathie auszudrücken. Solche Zuordnungen sind selten von rein rationalen, wissenschaftlichen Erwägungen geleitet, in der Regel sind auch emotionale Anteile im Spiel. Mitunter sind wir auf bestimmte Gedanken, die wir einleuchtend und richtig finden, richtiggehend fixiert. Auf andere Ideen dagegen lassen wir uns erst gar nicht ein. Diese emotionalen Wertungen lenken unser Denken in eine bestimmte Richtung, sie können zu ernsthaften Verzerrungen und Erkenntnisbarrieren führen und die Auseinandersetzung mit wissenschaftlichen Theorien erschweren. Es kommt allerdings auch vor, dass wir gar keine emotionale Beziehung zu den Ideen eines Themengebietes finden. Dann machen sich Unlust und Langeweile breit, und Schreiben kann zur Qual werden (vgl. Kruse 1997, S. 66 f.).

Welche *Schlussfolgerungen* sind nun aus der Tatsache zu ziehen, dass auch wissenschaftliches Schreiben eine ausgeprägte emotionale Dimension aufweist? Kruse (1997, S. 68) stellt dazu fest:

> Nichts wäre unehrlicher, als diese Gefühle beim Schreiben ignorieren zu wollen. Man muss sie beim Schreiben zulassen können, ihnen Raum geben, sich von ihnen beflügeln lassen. Unterdrückt man sie, nimmt man sich die motivationale ‚Energie', die das Schreiben und Erkennen stimuliert.

Für die Leserinnen und Leser wissenschaftlicher Texte sind diese Gefühle natürlich nicht so wichtig. Sie wollen primär zum Beispiel etwas über Pestalozzi erfahren; sie interessieren sich weniger dafür, ob die Schreiberin von diesem Pädagogen begeistert ist oder ob sie ihn nicht leiden mag. Deshalb müssen in der Endfassung eines wissenschaftlichen Textes die meisten Gefühlsbekundungen wieder aus dem Text herausgenommen oder in eine adäquate Form gebracht werden.

Gefühle stören den Prozess des wissenschaftlichen Schreibens nur dann, wenn wir sie ignorieren. Sie sind ein wichtiges organisierendes Moment des Schreibprozesses, denn sie beeinflussen ganz wesentlich unseren Assoziationsfluss. Wir verfügen neben einem kognitiven oder lexikalischen Alphabet über ein Gefühls-Alphabet, nach dem unsere Speicherinhalte geordnet und abgerufen werden. Sprache und Gefühl gehören deshalb sowohl beim Produzieren als auch beim Kommunizieren von Sprache eng zusammen (vgl. Kruse 1997, S. 69).

1.4 Ganzheitliche Modelle des Schreibprozesses und didaktische Konsequenzen

Meine Ausführungen unter 1.1 bis 1.3 machen - so hoffe ich - deutlich, dass auch und gerade beim wissenschaftlichen Schreiben sowohl die kognitiven als auch die emotionalen und unbewussten Prozesse berücksichtigt werden müssen. Eine einseitige Orientierung an der kognitiven Dimension ist für den Prozess des wissenschaftlichen Schreibens unproduktiv, was an deutschen Hochschulen bedauerlicherweise noch nicht immer so deutlich gesehen und vertreten wird. Lutz von Werder hingegen oder Otto Kruse haben, jeder auf seine Art, Zugänge zum wissenschaftlichen Schreiben entwickelt, die die kognitive und die emotionale Dimension des Schreibprozesses berücksichtigen. Sie plädieren dafür, extreme Positionen zu meiden und bei der Organisierung von Schreibprozessen Kognition u n d Emotion möglichst gleichberechtigt zur Geltung kommen zu lassen. Sie berufen sich unter anderem auf Gabriele L. Rico, die in ihrem Buch „Garantiert schreiben lernen" eine ganzheitliche („natürliche") Schreibmethode auf der Grundlage der modernen Gehirnforschung entwickelt hat. Rico vertritt folgende These: „Wer schöpferisch arbeitet - vor allem, wenn er schreibt -, muss sich die speziellen Funktionen *beider* Gehirnhälften in geeigneter Weise nutzbar machen" (Rico 1984, S. 68).

Wie die neurologische Forschung herausgefunden hat, arbeiten die beiden Gehirnhemisphären grundsätzlich unterschiedlich. Die linke Hemisphäre orientiert sich stark an früher gespeicherter, sequentiell organisierter Information; ihre Stärke liegt im logischen, begrifflichen und analytischen Denken. Die rechte Hemisphäre dagegen geht simultan vor und kann besser mit komplexen Informationen umgehen, für die kein erlerntes Programm zur Verfügung steht; ihre Stärke ist das nichtlineare, assoziative, bildhafte Denken. Für Schreibprozesse leitet Rico daraus die Schlussfolgerung ab, dass besonders in den ideenschöpfenden Anfangsstadien von Schreibprozessen die rechte Hemisphäre zu aktivieren ist, während in den späteren Phasen die systematischen, auf Wiederholung angelegten Fähigkeiten der linken Hirnhälfte zum Zuge kommen sollen. Für die Nutzung der rechten Hemisphäre, also unter anderem für die kreative Anfangsphase von Schreibprozessen hat Rico (1984, S. 64 ff.) die Methode des Clustering[1] entwickelt. Diese Ergebnisse der modernen Hirnforschung und die daraus abgeleiteten Konsequenzen von Rico fließen in die meisten neueren ganzheitlich orientierten Modelle wissenschaftlichen Schreibens ein (z.b. Kruse 1997; von Werder 1993).

Der Ansatz einer *Didaktik des wissenschaftlichen Schreibens* von Otto Kruse (1997) zeichnet sich vor allem dadurch aus, dass er folgende Elemente des wissenschaftlichen Schreibens verbindet:

- Eine differenzierte Auseinandersetzung und Vermittlung kognitiver Schreibfertigkeiten (Merkmale wissenschaftlicher Textsorten, Grundlagen der Textproduktion, Erkenntniswege und Arbeitsschritte in wissenschaftlichen Schreibprojekten) einerseits und

- andererseits eine differenzierte Auseinandersetzung mit der emotionalen Dimension des Schreibprozesses und mit Schreibblockaden (neben theoretischen Erörterungen praktische Ratschläge und Schreibanregungen);

- die Vermittlung auch von ganzheitlichen Schreibmethoden, die nicht nur kognitive Fertigkeiten, sondern auch Sprachkreativität und Freude am Schreiben fördern, und die darüber hinaus den Schreibprozess als eine Form der Selbsterfahrung erlebbar machen.

Der Ansatz von Lutz von Werder (1993) setzt folgende Schwerpunkte:

- Die Aktivierung und Aufarbeitung des inneren Sprechens;

- Schreibübungen und -techniken, die den Übergang vom inneren Sprechen zum äußeren Schreiben und zum wissenschaftlichen Schreiben erleichtern;

- Schreibverfahren, die alltägliches Schreiben und wissenschaftliches Schreiben verbinden;

- die dialektische Verbindung von wissenschaftlichem Lesen und wissenschaftlichem Schreiben.

Ich habe mich bei der Ausarbeitung dieses Buches vor allem an den erwähnten Konzepten von Kruse und von Werder orientiert sowie am Ausbildungsgang „Wissenschaftliches und berufliches Schreiben für Studierende und Lehrende"[2] des Instituts für Kreatives Schreiben e. V. in Berlin. Außerdem sind meine Lehrerfahrungen in den Bereichen Wissenschaftliches Schreiben[3], Kreatives Schreiben und Kreatives Spiel sowie die Reflexion meiner eigenen wissenschaftlichen Schreibbiographie eingeflossen.

---

1 Nähere Erläuterungen und Schreibanregungen dazu in Kapitel 4.
2 Unter der Leitung von Lutz von Werder, Barbara Schulte-Steinicke und Brigitte Schulte.
3 Zu meinem didaktischen Konzept für Kreatives wissenschaftliches Schrieben vgl. Pyerin 2002.

2. Kreatives wissenschaftliches Schreiben: eine neue Form des Lernens und Forschens im Studium

Lutz von Werder hat mit mehreren Veröffentlichungen (1993, 1994, 1995a, 1996) wichtige Grundlagen für das Kreative Schreiben in den Wissenschaften geschaffen. Er geht von einer produktiven Verwandtschaft von Wissenschaft und Poesie aus, also davon, dass sich z.b. die Textsorten Lyrik und wissenschaftlicher Aufsatz nicht grundsätzlich, sondern nur in formaler Hinsicht unterscheiden. Er geht außerdem von einer Wechselwirkung zwischen der Entwicklung poetischer Schreibqualifikation auf der einen Seite und wissenschaftlicher Schreibqualifikation auf der anderen Seite aus. Deshalb kann das Verfahren des Kreativen Schreibens, das ursprünglich für die Produktion literarischer Texte gedacht war, auch im Bereich der Wissenschaft als ein wichtiger Weg der Textproduktion und des Lernens und Forschens begriffen und eingesetzt werden.

Grundlage dieses Konzepts wissenschaftlichen Schreibens ist eine Schreibpsychologie, die das Ideal des wissenschaftlichen Schreibens nicht auf das Paradigma eines emotionslosen, sachlichen Informationstextes reduziert, die vielmehr neben der kognitiven auch die emotionale Dimension des Schreibens berücksichtigt (vgl. von Werder 1996, S. 21 f.).

Bevor ich einige Thesen zum Kreativen wissenschaftlichen Schreiben formuliere, setze ich mich mit dem Phänomen Kreativität auseinander und gebe einen kurzen Einblick in verschiedene Ansätze des Kreativen Schreibens, die für die literarische Textproduktion entwickelt wurden und auch in die Didaktik des wissenschaftlichen Schreibens Eingang gefunden haben.

2.1 Kreativität im Kontext Kreatives Schreiben

Nach Guilford (1970), dem Wegbereiter der Kreativitätsforschung, sind fast alle Menschen in der Lage, kreative Handlungen durchzuführen. „Der kreative (schöpferische) Drang des Menschen ist eine seiner ureigensten Eigenschaften überhaupt"; er ist keineswegs auf Künstler und Genies begrenzt, sondern „entsteht aus dem menschlichen Bedürfnis, die eigene Persönlichkeit zum Ausdruck zu bringen, Gedanken und Gefühle sichtbar zu machen" (Thiesen 1995, S. 12).

Seit Anfang der 70er Jahre gibt es eine intensive Auseinandersetzung um das Phänomen und den Begriff Kreativität und zwar in den unterschiedlichsten Zusammenhängen (z.B. Sozial- , Freizeit- und Schulpädagogik, Wirtschaft und Management, Kunst und Kultur) und aus der Perspektive verschiedener wissenschaftlicher Disziplinen (z.B. Psychologie und Pädagogik). Für die verschiedenen Kontexte finden wir daher spezifische Kreativitätsdefinitionen, die jeweils eigene Facetten betonen.

Meistens wird im Kern unter Kreativität „die Eigenschaft verstanden, neues Denken, Empfinden oder Handeln entwickeln, also Transformationen einleiten, aus Altem Neues machen zu können" (Brenner 1994, S. 15). Dabei kann dieses „Neue"

– neu sein in Bezug auf das hervorbringende Individuum, eine Gruppe oder einen Lebenszusammenhang oder aber

– grundsätzlich neu.

In vielen Schreibgruppen, die Kreatives Schreiben z.B. mit jungen Leuten praktizieren, wird Kreativität in erster Linie in Bezug auf das hervorbringende Individuum, auf die Schreibgruppe und eventuell auch noch auf die Lebensräume ihrer Mitglieder verstanden. Kreativität bedeutet dann in erster Linie, dass die TeilnehmerInnen der Schreibgruppe, „sich ihnen bislang unzugängliche Möglichkeiten des Denkens, Empfindens und Formulierens erschließen" (Brenner 1994, S. 16).

Für Schreibgruppen, deren TeilnehmerInnen literarisch ambitioniert sind, ist ein anspruchsvollerer Begriff von Kreativität angemessen: Er beinhaltet einerseits die Entfaltung neuer Ausdrucksmöglichkeiten, neue Formen der Kommunikation und Selbsterkenntnis; andererseits potentiell auch einen gesellschaftlichen Fortschritt, indem die Auseinandersetzung mit den literarischen Experimenten der Literaturgeschichte produktiv fortgeführt wird (vgl. von Werder 1996, S. 23).

Für Gabriele L. Rico (1984) ist es unabdingbare Voraussetzung für jeden schöpferischen Gestaltungsprozess, dass

> die beiden Hirnhemisphären zusammenarbeiten, und zwar in der richtigen Reihenfolge und in fruchtbarer Wechselwirkung. So müssen wir zum Beispiel in der generativen Phase des Schreibens, in der wir intuitiv neue Ideen bilden, das zu logischer Zergliederung, zu Kritik und Zensur neigende begriffliche Denken ausschalten, um nicht durch analytische Gedankengänge abgelenkt zu werden. Sobald wir aber dazu übergehen, unsere Einfälle niederzuschreiben und zu gliedern, tritt das ordnende begriffliche Denken in ein Wechselspiel mit dem ganzheitlich-bildhaft verfahrenden Modus der rechten Hemisphäre ein. Nur ein unablässiges Hinundherwechseln zwischen der Vision des Ganzen, die uns vorschwebt, und den Einzelheiten und Sequenzen,

mit denen wir diese Vision zu einem klar umrissenen Ganzen ordnen, ermöglicht es uns, ihr in einem geschriebenen Text Gestalt zu geben. (S. 18 f.)

Auch auf die Frage, was der Kreativität zuträglich ist und was sie eher behindert, gibt es unterschiedliche Antworten. Nach Rogers (1959) setzt kreatives Handeln folgende Fähigkeiten voraus:

- Offenheit gegenüber neuen Erfahrungen; das Ertragenkönnen von Unklarheiten und Vieldeutigkeiten;

- die Fähigkeit zu selbständigem Urteil und

- die Fähigkeit, mit Elementen und Konzepten der Wirklichkeit (in Gedanken) zu spielen; das spontan-spielerische Umgehen mit Ideen oder Beziehungen zwischen Dingen; die Fähigkeit, Wirklichkeitspartikel (gedanklich) auf 'unmögliche' Weise zu kombinieren, etwas von einer Form in eine ungewohnte andere zu bringen (zitiert nach Brenner 1994, S. 18).

Eine wichtige Voraussetzung für kreative Experimente ist eine sichere Grundlage. Eine totale Verunsicherung gewohnter Denk- und Schreibmuster führt leicht zu Blockaden und Rückzügen auf den Bereich des Bekannten anstatt zu einem Sich-Öffnen gegenüber neuen Erfahrungen. Auch die „Dominanz verstandesmäßiger Selbstkontrolle" kann in kreativen Prozessen ein starkes Hindernis darstellen (Brenner 1994, S. 158).

Ein kreativer Prozess enthält als wesentliches Element auch Unterbewusstes und nicht Steuerbares; kreative Prozesse brauchen Raum für Intuition und Spontaneität, für das Fließenlassen und das Zulassen direkter, spontaner Gedanken. Neben der „Dynamisierung von Innenwelten" hat Kreativität jedoch immer auch „etwas mit der Verarbeitung von Außenwelten, von materieller, sozialer und gesellschaftlicher Realität zu tun" (Brenner 1994, S. 19).

Auch das Gruppenklima spielt für die Entwicklung von Kreativität selbstverständlich eine wichtige Rolle. Es ist unverzichtbar, für alle Teilnehmenden eine größtmögliche psychische Sicherheit zu schaffen und Interaktionsstile zu entwickeln, die sich durch gegenseitige Akzeptanz aller Beteiligten und einem Ernstnehmen individueller Besonderheiten auszeichnen (vgl. Brenner 1994, S. 21).

Häufig wird die These vertreten, dass auch spielerische Prozesse der Kreativität zuträglich sein können. Röhrs (1981, S. 3 ff.) beispielsweise ist der Ansicht, dass Menschen, die spielerisch an Probleme herangehen, kreativer sind als andere und z.B. auch effizienteres Management machen. Das Medium Spiel könne die Entwicklung bzw. Bewahrung von Fähigkeiten wie personale Offenheit, Elastizität und spontane Umstellungsfähigkeit - alles wichtige Voraussetzungen für Kreativität - auch bei Erwachsenen fördern.

2.2 Ansätze des Kreativen Schreibens

Ich stelle kurz vier wesentliche Richtungen vor, die nicht immer in „Reinkultur" auftreten; es gibt viele Überschneidungen und auch Integrationsversuche (vgl. von Werder 1996, S. 28). Gabriele L. Rico (1984) z.B. verbindet in ihrem Konzept des Kreativen Schreibens literarische, spielerische und therapeutische Aspekte. Auch ich bin mit dieser Veröffentlichung und in meinen Lehrveranstaltungen um einen integrativen Ansatz bemüht, wobei ich spielerische Momente und Aspekte der Stilaneignung (in diesem Fall Aneignung von Grundlagen wissenschaftlicher Textproduktion) stärker berücksichtige als die Dimensionen Selbsterfahrung/Therapie oder kulturelle und gesellschaftliche Partizipation.

Kreatives Schreiben als Stilaneignung
Überwiegend für den Literaturunterricht gedacht sind die Konzepte, die Kreatives Schreiben als Aneignung literarischen Stils begreifen, die durch Imitation von literarischen Schreibmustern erfolgen soll. So empfiehlt etwa Ingeborg Meckling in „Kreativitätsübungen im Literaturunterricht" (1972), dadaistische Texte zu imitieren oder dadaistische Textcollagen zu produzieren. Hans Gatti stellt in seinem Buch „Schüler machen Gedichte" (1979) das analoge Gestalten in den Mittelpunkt: Nach der Auseinandersetzung mit dem Text eines Dichters soll ein thematisch und meist auch formal ähnlicher Text geschrieben werden. Günter Waldmann hat mit seinem Buch „Produktiver Umgang mit Lyrik" (1988) ein System des Schreibens nach stilistischen Regeln vorgelegt (zitiert nach von Werder 1996, S. 25).

Kreatives Schreiben als Spiel
Von anderen Autorinnen und Autoren wird vor allem der Nutzen der spielerischen Dimension für kreative Prozesse im Rahmen des Kreativen Schreibens betont. Eine der Wegbereiterinnen und wichtigsten Vertreterinnen dieses Ansatzes ist Gundel Mattenklott mit ihrem Buch „Literarische Geselligkeit" (1979). Für sie ist Kreatives Schreiben zum einen ein Spielen, ein Experimentieren mit Worten, Buchstaben, Sätzen und Texten. Zum anderen hat Kreatives Schreiben für Mattenklott eine soziale Dimension: Es ist ihr wichtig, eine „literarische Geselligkeit" zu ermöglichen, die „den Einzelnen mit den anderen verbindet, Genuss- und Wahrnehmungsfähigkeit entwickelt und Subjektivität in Spiel und Arbeit zu ihrem Recht kommen lässt" (Mattenklott 1979, S. 173).

Die Betonung des Spielerischen bedeutet bei Mattenklott nicht, dass die Ausbildung eines ästhetischen Urteilsvermögens als Lernziel aufgegeben wird. „Die Preisgabe jedes ästhetischen Maßstabes" soll ebenso vermieden werden wie „elitärer Leistungsdruck, der jede Entfaltung sprachlicher Phantasie verhindert" (Mattenklott 1979, S. 177).

Die Autorin begründet den Einsatz von Spielen im Prozess des Kreativen Schreibens folgendermaßen:

1. Sie machen Spaß. Genussfähigkeit ist ein ständig unterschlagenes Lernziel auf dem Weg zur menschlichen Gesellschaft.

2. Wie alle Spiele ohne Konkurrenten und ohne Sieger stellen sie entspannte Kommunikation her, erleichtern das Einander-Kennenlernen. Jeder kann so viel oder so wenig von sich geben wie er will.

3. Sie befriedigen den Wunsch nach dem Außerordentlichen, dem Stillstand der Zeit im Spiel, im Fest, der einem legitimen menschlichen Bedürfnis entspringt.

4. Die Käufer von Phantasie-Objekten werden als Spieler zu Subjekten, die Phantastisches produzieren.

5. Die Spieler erweitern die Sprachfähigkeit vieler und vergesellschaften das Geheimnis der professionellen Dichter, die Sprachinspiration. Die Spieler eignen sich Genuss- und Erkenntnismöglichkeiten an, die bisher den Künstlern vorbehalten waren. (Mattenklott 1979, S. 182)

In Mattenklotts Konzept (vgl. 1979, S. 226) werden neben literarischen Methoden auch alle „anderen Bereiche sozialer und ästhetischer Phantasietätigkeit" wie Musik, Malerei, Fotografie oder Hörspiele einbezogen.

Seit den 70er Jahren finden Schreibspiele immer häufiger Anwendung, und zwar nicht nur in Schreibwerkstätten, in der Erwachsenenbildung oder in der außerschulischen Arbeit mit Kindern und Jugendlichen, sondern auch im Schulunterricht oder in Hochschulseminaren. Es stehen dafür inzwischen eine breite Palette von Schreibspielen und Übungen zur Verfügung, die in zahlreichen Veröffentlichungen dokumentiert sind[1].

Kreatives Schreiben als Selbsterkenntnis und Selbsttherapie

Paul Schuster war einer der ersten, dem aufgefallen war, dass sich beim Schreiben auch therapieähnliche Prozesse vollziehen:

> Im Prozess des Schreibens wird eine Fülle von Erinnerungen heraufbeschworen, von atmosphärischen, dinglichen, physiognomischen Details, an die man viele Jahre nicht gedacht hat - und das oft in einer Genauigkeit, die Staunen auslöst. Manchmal kommt es zu Kettenreaktionen, sodass man schreibend unversehens in ganz andere Bereiche gerät als das Thema sie absteckt. (Schuster 1977, zitiert nach von Werder 1996, S. 27)

Schuster stellte auch fest, dass Schreiben Vergessenes in Erinnerung rufen, eine Wiederbegegnung mit sich selbst ermöglichen und dadurch Selbsterkenntnis fördern könne (vgl. von Werder 1996, S. 27).

---

1 Z.B. H. Bösecke (1989). Worte im Aufwind; ders. (1992). Spiele mit Worten; G. Schalk und B. Rolfes (1986). Schreiben befreit; W. Kaminski & M. Müller (1996). Mit Bleistift und Feder; W. Kaminski & M. Müller (1996). Werkstatt schreiben; P. Thiesen (1995). Kreatives Spiel.

Jürgen vom Scheidt, der Leiter der „Münchner Schreibwerkstatt", fokussiert in seinem Buch „Kreatives Schreiben. Wege zu sich selbst und zu anderen" (1989) auf die therapeutische Dimension des Kreativen Schreibens. Für ihn hat dieses Verfahren eine ganze Reihe von selbsterfahrungsbezogenen und therapeutischen Funktionen:

> Das Schreiben kann Informationen verarbeiten, von innerem Druck entlasten, die Persönlichkeit in Subjekt und Objekt spalten, Gefühlserinnerungen anreichern, von allzu bedrohlichen Gefühlen distanzieren, unvereinbare Gegensätze integrieren, Erfahrungen verdichten, die Welt vergeistigen, Sinn stiften, unbewusste Inhalte durch Fehlleistungen sichtbar machen, die eigene Vergangenheit wiedererinnern und aneignen, geistige Zugänge versprachlichen, Erfahrungen verinnerlichen, das Loslassen und Langsamerwerden üben, die Aufmerksamkeit auf die eigene Mitte lenken, neue geistige Ordnungen strukturieren und sich selbst auf das Wesentliche konzentrieren helfen. (vom Scheidt 1989, zitiert nach von Werder 1996, S. 27)

Auch Lutz von Werder entwirft in zwei Veröffentlichungen[2] vor allem die "therapeutischen Szenarien" des Kreativen Schreibens.

Kreatives Schreiben als kulturelle und gesellschaftliche Partizipation
In der kultur- oder sozialpädagogischen Arbeit wird Kreatives Schreiben, z.B. im Rahmen von Schreibwerkstätten, Literaturforen oder Zeitungsprojekten[3], oft als ästhetische Praxis verstanden, die auch soziale und gesellschaftliche Bezüge herstellen kann. Die Schreibanlässe, die eine kreative Auseinandersetzung mit Alltagsproblemen und der eigenen Lebenswelt, mit Zukunftsperspektiven und politischen Fragen ermöglichen sollen, zielen auf die Förderung von literarischen, personalen und sozialen Kompetenzen ab. Das Schreiben dient hier also nicht nur als Medium der Selbstverständigung und Bewusstseinsbildung, sondern auch als Kommunikations- und Informationsmittel. Ziel ist es, Öffentlichkeit herzustellen, ein Forum zu schaffen, um die selbstproduzierten Texte publik zu machen und zur Diskussion zu stellen. Damit kann über die individuelle Schreiberfahrung hinaus eine zwischenmenschliche Begegnung stattfinden und potentiell auch Einfluss auf die soziale Umwelt genommen werden. Sich schreibend auseinander zu setzen mit sich selbst, den Menschen und der Welt, wie sie ist und wie sie sein könnte - darin liegt ein Stück kultureller und gesellschaftlicher Partizipation und ein utopisches Moment (vgl. auch Pyerin 1998).

---

2 „... triffst Du nur das Zauberwort" (1986); Schreiben als Therapie (1988).
3 Vgl. dazu z.B. Bundesvereinigung Kulturelle Jugendbildung (Hrsg.) (1986). Ich geb's Dir schriftlich. Junge Leute schreiben. Aktionen, Werkstätten, Wettbewerbe. Remscheid: Schriftenreihe der Bundesvereinigung für kulturelle Jugendbildung.

2.3 Schreiben mit Lust und Methode - Thesen zum Kreativen wissenschaftlichen Schreiben

Auf der Grundlage der hier dargestellten Erkenntnisse und Annahmen über (wissenschaftliche) Schreibprozesse und Kreatives Schreiben formuliere ich nun - unter der Prämisse „Schreiben mit Lust und Methode" - vorläufige Thesen[4] zum Kreativen wissenschaftlichen Schreiben. Diese sind wichtige Bezugspunkte für mein schreibpädagogisches Konzept und die Arbeit mit Studierenden:

– Schreiben ist eine *außerordentlich produktive und nützliche Kulturtechnik*. Jenseits aller negativen Erfahrungen aus der Schulzeit kann sie jeder für sich entdecken und entwickeln. Das ist einfacher als viele denken, denn: Wer erzählen kann, kann auch schreiben. Überlassen wir deshalb das Schreiben nicht nur den vermeintlich dafür zuständigen Profis, den Journalisten, Schriftstellern und Werbetextern.

– Schreiben ist eine effektive *Methode, um "die Welt", Gedanken, Ideen, und Gefühle zu ordnen.*

– Schreiben kann - wird es beherrscht - zum idealen *Arbeitsinstrument und Denk-Werkzeug* werden. Sich verständlich, konzentriert, klar, authentisch ausdrücken, strukturiert und überzeugend wissenschaftlich argumentieren ... - diese Fertigkeiten sind nicht angeboren, sondern lassen sich lernen.

– Schreiben ist ein *höchst kreatives gestalterisches Medium*. Es ermöglicht einen unmittelbaren Zugriff auf das schöpferische Potential des Menschen, auch auf die unbewussten Anteile (Phantasie, Träume), ohne dass dazu aufwendige Techniken und Fertigkeiten wie etwa beim Malen oder Musizieren eingeübt werden müssen. Texte sind auch - dank praktisch unbegrenzter Möglichkeiten der Speicherung, Bearbeitung und Kommunikation - beliebig weiter ausgestaltbar.

– Schreiben ist ein potentes *Medium der Selbsterkundung, Selbsterfahrung und Selbstverständigung* und kann auch therapeutische Wirkung entfalten. Sich etwas 'von der Seele schreiben' kann sehr wohltuend sein. Schreibend über sich selbst mehr zu erfahren, Erlebtes zu reflektieren und vielleicht in einem neuen Licht zu sehen, kann der produktiven Auseinandersetzung mit der Persönlichkeit zuträglich sein und sinnstiftende Funktion haben.

– Schreibend können auch soziale und politische Kompetenzen entwickelt werden, wenn z.B. eine kreative Auseinandersetzung mit Alltagsproblemen oder dem näheren sozialen Umfeld stattfindet, oder soziale und gesellschaftliche Fragen reflektiert und kommentiert werden. Schreiben kann damit - wenn die Texte öffentlich präsentiert und diskutiert werden - auch *ein Stück kultureller und gesellschaftlicher Partizipation* darstellen.

---

4 Vgl. dazu auch vom Scheidt 1993, Kruse 1997 und von Werder 1996

- *Literarische, autobiographische und wissenschaftliche Texte unterscheiden sich,* was ihre Produktion angeht, *nicht grundsätzlich* voneinander. Deshalb lässt sich das, was beim Schreiben von Erzählungen und Gedichten oder Briefen und Tagebüchern gelernt wurde, auch in das Gestalten von wissenschaftlichen oder beruflichen Texten transferieren.

- *Wissenschaftliches Schreiben* ist ein *hochkomplexer, mehrdimensionaler Vorgang.* Er erfordert kognitive Höchstleistungen und kann nur in einem *langen Übungsprozess* erworben werden. Das bedeutet aber nicht, dass dieser Lern- und Übungsprozess ausschließlich mit methodischem Vorgehen, Disziplin und viel Mühen verbunden ist.

- Vielmehr kann wissenschaftliches Schreiben auch Spaß machen, es kann *mit Methode und Lust* erlernt werden. Neben konzentrierter Textarbeit, der Imitation von überlieferten wissenschaftlichen Textmustern und Sprachstilen, sowie dem Einüben von formalen wissenschaftlichen Konventionen stehen *Sprachspiele, schöpferisches Tun und Sprachexperiment.*

- Es kommen *ganzheitliche Schreibmethoden* wie Free-Writing oder Clustering zur Anwendung, die beide Gehirnhälften aktivieren, die *begriffliches und bildhaftes Denken* zusammenbringen, und damit *Verstand und Gefühl* ansprechen. So wird die Wahrnehmung und produktive Auseinandersetzung auch mit Emotionen, unbewussten Prozessen und zunächst chaotisch anmutenden Gedankengängen ermöglicht.

- Die ganzheitlichen *Methoden des Kreativen Schreibens* tragen dazu bei, im wissenschaftlichen Schreiben einen höheren kognitiven und intellektuellen Standard zu erreichen. Sie aktivieren die geistigen und kreativen Kräfte der Schreibenden und dienen somit der *Qualifizierung des wissenschaftlichen Schreibens, Lernens und Forschens.*

- Beim Erlernen des wissenschaftlichen Schreibens ist es sinnvoll, Produktion und Rezeption, also *wissenschaftliches Schreiben und wissenschaftliches Lesen,* dialektisch miteinander zu *verknüpfen* und sich dafür adäquate Methoden anzueignen.

- Die Methoden des Kreativen wissenschaftlichen Schreibens helfen dabei, die Barrieren und *Widerstände beim Transformieren* von innerer in äußere Sprache und *von Alltagssprache in wissenschaftliche Sprache* zu überwinden.

- Sie unterstützen dabei, die oft als sehr belastend erlebte Kluft zwischen natürlichem sprachlichen Ausdrucksbedürfnis und wissenschaftlicher Sprache zu überbrücken. Dabei wird der *persönliche Selbstausdruck der Schreibenden unterstützt* und gefördert, anstatt von einem unpersönlichen, abstrakten Sprachcode überlagert zu werden.

- Die Methoden des Kreativen wissenschaftlichen Schreibens helfen dabei, die Informationsflut besser zu bewältigen, Erfahrungen, Gedanken und Gefühle zu sortieren. Methoden wie Free-Writing oder Brainstorming können bei der

Gewinnung von Ideen eingesetzt werden; bei der *Strukturierung und Ausformulierung von Gedanken* kann beispielsweise auf das Mindmapping zurückgegriffen werden.

– Die Methoden des Kreativen wissenschaftlichen Schreibens erleichtern es den Schreibenden, eine *meditative, entspannte Haltung* zu entwickeln, ihre Gedanken und inneren Bilder kommen und gehen zu lassen, auch Unlogisches oder Chaotisches zu akzeptieren. Durch verschiedene Methoden des freien Assoziierens kann es gelingen, den 'inneren Zensor', die skeptische Stimme der Ratio auch einmal zu überhören.

– Die Methoden des Kreativen wissenschaftlichen Schreibens ermöglichen eine rasche und intensive *Kontaktaufnahme mit einem Thema* und die auch in wissenschaftlichen Lernprozessen wichtige *Selbstanalyse und Selbsterfahrung* (z.B. durch das Führen eines wissenschaftlichen Journals). Emotionale Beziehungen zu Themen, Begriffen und Ideen können erkundet, eigene Fragestellungen gezielt entwickelt werden.

– *Das Persönliche ist stets wesentlich* und sollte *auch beim wissenschaftlichen Schreiben* seinen Platz haben. Wenn wir von vornherein versuchen, persönliche Gedanken, Erfahrungen und Gefühle beim Schreiben auszublenden, kommt es zu einer Behinderung oder Störung, zumindest aber zu einer Verfälschung des Schreibprozesses. Dies führt zu „verfälschten", „gestörten", „behinderten" Texten, im schlimmsten Fall zu Schreibblockaden.

– Wissenschaftliches Schreiben ist auch *körperliche Arbeit*. Meistens bemerken wir das erst, wenn der Rücken schmerzt oder die Augen brennen.

– Der *Computer* kann durch spezielle Programme das Kreative wissenschaftliche Schreiben sinnvoll unterstützen

– Auch der Einsatz von *Entspannungsverfahren* (z.B. Autogenes Training) kann der Kreativität und dem wissenschaftlichen Schreibprozess zuträglich sein.

– *Schreiben in der Gruppe* kann sehr anregend und weiterführend sein und zum lustvollen Entdecken bzw. Weiterentwickeln der Schreibkompetenz und kreativer Potentiale beitragen.

3. Damit Schreiben nicht zum Problem wird: Tipps und Tricks gegen Schreibblockaden

3.1 Wissenschaftliches Schreiben: eine Quelle von Ängsten und Vorurteilen

Schreiben im Studium wird manchmal zum Problem und zwar unter anderem deshalb, weil es eine Reihe von Ängsten und Unsicherheiten, von falschen Vorstellungen und Vorurteilen über das wissenschaftliche Schreiben gibt, die es zu einer ziemlich unangenehmen Sache machen oder es sogar blockieren können.

Zu den weit verbreiteten *falschen Vorstellungen und Vorurteilen* über das wissenschaftliche Schreiben gehören zum Beispiel:

- Das wissenschaftliche Schreiben wird direkt durch spontane Inspiration gesteuert.

- Das wissenschaftliche Schreiben lässt sich leicht und unkompliziert praktizieren.

- Der erste Entwurf einer wissenschaftlichen Arbeit ist meist schon perfekt.

- Wissenschaftliche Schreiber werden geboren. Sie brauchen die Fähigkeit zum wissenschaftlichen Schreiben nicht in einem langen Lernprozess zu erwerben. (von Werder 1993, S. 399 f.)

Die Erfahrungen von Studierenden, WissenschaftlerInnen und HochschullehrerInnen sprechen dafür, dass solche Vorstellungen nicht haltbar sind, dass das wissenschaftliche Schreiben vielmehr als eine Art des Schreibens betrachtet werden muss, die in einem längeren Lernprozess erworben und geübt werden muss. Niemand kann auf Anhieb, aufgrund einer Eingebung oder einer genialen Begabung korrekt wissenschaftlich schreiben. Aber fast jeder und jede kann es lernen!

Gerade zu Beginn des Studiums verbinden sich mit dem wissenschaftlichen Schreiben für viele Studierende eine Reihe von Ängsten und unangenehmen Gefühlen. Besonders verbreitet sind nach Kruse (1997, S. 23 ff.) folgende:

- Die *Angst etwas zu schreiben, das „blöd klingt"*, das also nicht den Kriterien einer bestimmten Sprachästhetik entspricht, an der wir uns glauben orientieren zu müssen. Viele Studierende versuchen vorschnell, an schwer oder gar nicht erreichbare literarische oder wissenschaftliche Vorbilder heranzureichen und überfordern sich damit hoffnungslos.

- Die *Angst vor dem leeren Blatt* mit seiner stillen Aufforderung "Fülle mich!" kann sich als sehr belastend und blockierend erweisen. Manchmal will einem partout nichts einfallen, noch nicht einmal der schlichteste Einleitungssatz. Eine wichtige Ursache solcher Blockaden sind unzureichende Kenntnisse darüber, wie man einen Text komponiert, wie man einen Schreibprozess vorbereitet und einleitet, und wie man dann schrittweise einen Text erstellt.

- Auch *das Gefühl, faul und undiszipliniert zu sein*, quält viele Menschen, die gerade ein Schreibproblem haben. Sie veranstalten alles Mögliche an aufwendigen Arbeiten, z.B. regelrechte Putzorgien, - nur um nicht schreiben zu müssen. Oder sie vergeuden eine Menge Zeit damit, dass sie stundenlang auf die Platte ihres Schreibtisches starren, ohne ein einziges Wort aufs Papier zu bringen. Sie wenden also enorm viel Zeit und Energie auf, um *nicht* zu schreiben. Weniger anstrengend wäre es meistens, wenn sie ihre Schreibaufgaben erledigen würden.

- Weit verbreitet ist auch die *Angst, etwas Falsches zu schreiben oder zu sagen*. An der Hochschule gibt es - und das ist für viele StudienanfängerInnen zunächst etwas Neues - viele Fragestellungen und Diskussionen, auf die es nicht *die* richtige Antwort gibt, vor allem dann, wenn es nicht um Fakten sondern um Meinungen geht. Außerdem geht für viele Studierende von der Hochschule und ihren Angehörigen zunächst etwas Einschüchterndes aus, „eine Suggestion von ungeheurem Wissen und tiefer Erkenntnis, von der sich die Novizen beeindrucken lassen" (Kruse 1997, S. 25). Sie merken nicht, dass auch viel Bluff dabei ist.

- Die *Angst, sich nicht klar ausdrücken zu können*, kann sehr entmutigend sein. Viele Studierende übersehen dabei, dass Schreiben fast immer ein mühsamer Suchprozess ist, dass Schreiben für die meisten Menschen lediglich ein Annäherungsprozess ist, an das, was sie eigentlich sagen möchten.

- Auch *die Angst vor der Meinung anderer* kann großen Schaden anrichten. Da die Meinung anderer Menschen sehr verletzend sein kann, sollten wir sehr genau überlegen, wem wir das Produkt unserer Schreibbemühungen zur Rückmeldung vorlegen. Von Personen, die uns vertraut und gewogen sind, fällt es leichter eine Beurteilung anzunehmen. Deshalb empfiehlt es sich, Rückmeldung über Texte in kleineren, überschaubaren, homogenen Gruppen (kleine Seminargruppen, Tutorien, Schreibgruppen) zu holen. Vorsicht ist dagegen geboten in größeren Seminaren, die heterogen zusammengesetzt sind (mit Studierenden niedrigerer und höherer Semester). Solche Seminare entwickeln mitunter eine Streitkultur, die gerade für StudienanfängerInnen nicht hilfreich ist, weil deren Leistungen oft abgewertet werden.

– Und immer und immer wieder: *die Angst sich bloßzustellen*. Sie beruht oft auf der Vorstellung, dass man sich durch die Präsentation der eigenen Texte als nicht schlau genug erweisen könnte. Besonders zu Beginn des Studiums ist es wichtig, solche Schamgefühle mutig zu überwinden, denn sie können den Austausch über eigene Texte - und damit wichtige Entwicklungsprozesse - massiv blockieren.

Eine der größten Hürden beim wissenschaftlichen Schreiben *ist die Vorstellung, ein wissenschaftlicher Text müsse auf Anhieb stehen.* Viele wissen nicht, dass am Anfang des Schreibprozesses fast immer - und das ist ganz normal - das Chaos steht: Nach dem Lesen, Kopieren und Exzerpieren sitzt man vor einem Berg von Notizen und ersten Gliederungsversuchen, im Kopf eine Unmenge von wirren Gedanken und mehr oder weniger konkreten Vorstellungen. Dagegen hilft nur eines: Möglichst rasch einen allerersten Entwurf machen, die Gedanken zu Papier bringen, ihnen eine konkrete Form geben. Nur so kann man sie weiter bearbeiten und Schritt für Schritt Ordnung in das Chaos bringen.

Es ist hilfreich, gelassen an das Schreiben heranzugehen, zunächst einmal einen *ersten* - vorläufigen - Entwurf, eine Rohfassung, zu produzieren, an der dann später weitergearbeitet werden kann. Blockieren Sie sich dabei nicht dadurch, dass Sie jeden hingeschriebenen Satz sogleich wieder hinterfragen und korrigieren. Bringen Sie *die Rohfassung* (für die gesamte Arbeit oder für ein Kapitel der Arbeit) *zügig aufs Papier, erst danach* macht es Sinn, zu *überarbeiten.*

Gehen Sie nicht mit zu hohen Ansprüchen an das Schreiben heran, erwarten Sie nicht auf Anhieb perfekt durchdachte und formulierte Texte von sich. Fangen sie einfach an, schreiben Sie drauflos. Schreiben Sie alles hin, was Ihnen zu Ihrem Thema einfällt. Ihr Rohentwurf kann „so krud oder konfus sein, wie er (will), es (kann) später dennoch etwas Gutes daraus werden" (Becker 1994, S. 29). Denken Sie immer daran,

dass jeder Satz verändert, umgeschrieben, gestrichen oder widerrufen werden kann. Das bedeutet, dass man alles hinschreiben kann. *Kein Satz bindet, (..) nichts Schlimmes passiert, wenn er falsch ist. Man kann den letzten Unsinn hinschreiben,* Dinge, von denen sich herausstellt, dass sie völlig anders sind als zunächst angenommen, und es passiert nichts. Probieren Sie's aus! (Becker 1994, S. 80; Hervorheb. B. P.)

Gelungene wissenschaftliche Texte erfordern in aller Regel häufiges Umschreiben. Auch routinierte Autoren und Autorinnen wissenschaftlicher Texte müssen ihre Arbeiten mehrfach überarbeiten, ehe sie sie veröffentlichen. Der Soziologe Becker beispielsweise schreibt seine Manuskripte normalerweise acht- bis zehnmal (!) um (vgl. Becker 1994, S. 21).

Eine *weitere große Schreibhürde* stellt die *Orientierung an falschen Vorbildern* dar (vgl. Franck 1998, S. 113 f.). Viele Bücher und Aufsätze, die Studierende während des Studiums lesen, sind schlechte Texte; sie sind - nicht nur für Anfänger! - schwer bis gar nicht zu verstehen. Das hat nur allzu oft wenig mit der

Vielschichtigkeit der behandelten Probleme und der Komplexität der Gedanken zu tun. Es liegt vielmehr daran, dass zahlreiche Wissenschaftlerinnen und Wissenschaftler im Lauf ihrer wissenschaftlichen Schreibkarriere nicht gelernt haben, präzise, verständlich und anschaulich zu formulieren; manche nehmen sich auch gar nicht die Zeit oder geben sich erst gar nicht die Mühe, einen komplizierten Sachverhalt verständlich, klar und prägnant darzustellen. Offensichtlich meinen sie, je komplizierter desto klüger, je unverständlicher desto wissenschaftlicher. Auf dem Hintergrund solcher Vorurteile entstehen Texte, die auffällig viele „Sprachnebel" und nichtendenwollende Schachtel- und Bandwurmsätze enthalten. Weit verbreitet sind imponierende Phrasen und schwammige Ausdrucksweisen, die in erster Linie dazu dienen, Eindruck zu schinden oder inhaltliche Schwächen der Arbeit zu verdecken. „Wir drücken uns deshalb so schwammig aus", stellt der Soziologe Becker (1994, S. 24 f.) fest, „weil wir fürchten, bei größerer Präzision von Kollegen auf offensichtlichen Irrwegen ertappt und ausgelacht zu werden". So entstehen „beschissene Einschränkungen, verschwommene Phrasen", mit denen „die generelle Bereitschaft" signalisiert wird, „den geäußerten Gedanken im Falle der Kritik sofort wieder fallen zu lassen".

Lassen Sie sich nicht von solchen schlechten Vorbildern leiten, suchen Sie nicht nach einem „anspruchsvollen" Stil, adaptieren Sie nicht eine Ihnen völlig fremde Sprache, die sie für wissenschaftlich halten. Suchen Sie vielmehr nach Ihrer eigenen ganz persönlichen Ausdrucksweise, setzen Sie sich zum Ziel, „Wissenschaftliches in Ihrer persönlichen Sprache ausdrücken zu lernen und diese persönliche Sprache langsam den linguistischen Konventionen der Wissenschaftssprache anzupassen" (Kruse 1997, S. 32). Versuchen Sie das, was Sie zu sagen haben, klar und prägnant zu formulieren. Und bedenken Sie immer:

„Was Sie nicht in Ihren Worten wiedergeben können, ist Ihnen noch fremd. Was Sie nicht verständlich formulieren können, haben Sie noch nicht verstanden" (Franck 1998, S. 117).

3.2 Wissenschaftliches Schreiben lernen: ein langer, auch lustvoller Übungsprozess

Schreiben ist allemal schwierig.
Darum sollte sich niemand dadurch noch mehr in Schwierigkeiten verhaspeln, dass er oder sie sich über die Schwierigkeit, Schwierigkeiten zu haben, erregt, in Depression fällt oder aufgibt. Es gibt wenige, die schreiben können, als drehten sie einen nicht verkalkten Wasserhahnen auf.
Schreiben kann man lernen. (Narr & Stary 1999, S. 10)

Viele Studierende - und nicht nur sie - denken, wissenschaftliches Schreiben könne man einfach so, ohne Übung, auf Anhieb beherrschen. Sie sind sich nicht im Klaren darüber, dass *viele, viele Lernschritte notwendig* sind, um gute wissenschaftliche Texte schreiben zu können, und dass viele, viele Arbeitsschritte erforderlich sind, um einen wissenschaftlichen Text publikationsreif zu machen. Allerdings werden die mit dem wissenschaftlichen Schreiben verbundenen Anforderungen auch von den Lehrenden nur allzu oft nicht ausreichend deutlich gesehen. Zahlreiche Professorinnen und Professoren erwarten von Studierenden, dass sie bereits im ersten Semester Hausarbeiten schreiben oder Referate halten können, die wissenschaftlichen Standards genügen. Damit aber setzen sie Fähigkeiten voraus, die sie erst vermitteln müssten. Sie geben den Studierenden kaum Anleitung und Hilfestellung. So sind frustrierende Erfahrungen, Schreibprobleme und eine ungeheure Verschwendung von Zeit und Energie oft schon vorprogrammiert.

Um sich solche Erfahrungen zu ersparen, können Sie selbst viel beitragen - vom ersten Tag Ihres Studiums an. *Nehmen Sie sich Zeit für das Lernen und lassen Sie sich Zeit mit dem Lernen.* Ihre Schreibqualifikation wird sich langsam aber stetig verbessern, wenn Sie kontinuierlich üben und offen dafür sind, Neues auszuprobieren. Sie werden viele kleine Lernschritte machen in Bezug auf exakte Ausdrucksweise, wissenschaftlichen Stil oder formale Aspekte. Sie werden allmählich lernen, sich auf vorhandene wissenschaftliche Arbeiten zu beziehen, Tatbestände zu analysieren oder Ergebnisse zu verallgemeinern. Das alles ist *ein langer Übungsprozess, der sich über Jahre erstreckt.* Sie haben das wissenschaftliche Schreiben in der Schule nicht gelernt, an der Hochschule können sie es lernen; dafür haben Sie ein paar Jahre Zeit. Und auch dann werden Sie nicht perfekt sein, denn es handelt sich um einen Lernprozess, der ein ganzes Berufsleben lang andauern kann (vgl. Franck 1998, S. 111; Kruse 1997, S. 26 f.).

Es ist wichtig, sich bewusst zu machen, dass Schreiben ein äußerst komplexer Prozess und eine anspruchsvolle Tätigkeit ist. Dann wird man eher in der Lage sein, zunächst nicht zu viel von sich selbst zu verlangen.

Seien Sie also nicht zu ungeduldig mit sich selbst. Ähnlich wie beim Klavierspielen darf man beim Erlernen des wissenschaftlichen Schreibens nicht mit Zeit geizen. „Um *sicher* wissenschaftlich schreiben zu lernen, benötigt man nicht weniger Übung als zur Beherrschung des Klavierspielens. Wer zu früh von sich selbst verlangt, perfekt schreiben zu können, beraubt sich seiner Qualifikationsmöglichkeiten" (Kruse 1997, S. 23).

Wenn Sie sich einräumen, dass Sie wissenschaftlich Schreiben *lernen* müssen, werden Sie erfolgreicher lernen. Wenn Sie von sich verlangen, dass Sie wissenschaftlich Schreiben *können* müssen, überfordern Sie sich. Gedanken, Ideen oder Argumente in eine angemessene sprachliche Form zu bringen, muss geübt werden. Diese Fähigkeit ist kein ‚Abfallprodukt' der Beschäftigung mit Soziologie, Jura, Biologie oder Betriebswirtschaft. (Franck 1998, S. 111 f.)

Versuchen Sie, gelassen an das Schreibenlernen heranzugehen! Es wird nichts Unmögliches von Ihnen verlangt. Wissenschaftliches Schreiben unterscheidet sich nicht grundsätzlich von alltäglichem Schreiben. 'Wissenschaftlich' heißt letztlich nur, dass die Anforderungen an Ausdruck, Strukturiertheit und Gestaltung usw. etwas höher sind als in Alltagstexten und dass einige wissenschaftliche Konventionen eingehalten werden müssen. Es ist von Anfang an zu empfehlen, sich die oben genannten Ängste und Vorurteile bewusst zu machen und sie möglichst zu kontrollieren. Damit ist bereits ein wichtiger Schritt in Richtung einer produktiven Einstellung zum Schreiben getan. Wenn Sie in der Lage sind *draufloszuschreiben*, ist das allein „schon die halbe Miete. Solange Sie schreiben, können Sie Ihr Schreiben verbessern. Problematisch wird es dann, wenn Sie aufhören zu schreiben. Dann stagniert zwangsläufig Ihre Entwicklung" (Kruse 1997, S. 26).

Wer effektiv und einigermaßen lustvoll das wissenschaftliche Schreiben erlernen will, sollte auch *äußere Bedingungen* nicht außer Acht lassen. Zum Schreiben gehören auch Dinge wie ein angemessener Schreibplatz, adäquate Schreibutensilien / ein Computer, eine angenehme Raumatmosphäre, kontinuierliche Arbeitszeiten und realistische Zeitpläne (vgl. z.B. Rückriem, Stary & Franck 1995, S. 13 ff.).

Für viele gehört auch eine ganz bestimmte Sorte Papier und Schreibgerät, bestimmte optische und haptische Reize sowie eine bestimmte Atmosphäre dazu: Bleistift oder Füller, glattes oder eher raues Papier, weiße oder gelbe Blätter, blaue oder grüne Tinte, am Computer in einem bequemen Stuhl sitzend oder im Liegestuhl, halb liegend..... Es spricht wirklich nichts dagegen, sich das Schreiben so angenehm wie möglich einzurichten!

Was Stilfragen angeht, denken Sie bloß nicht, dass wissenschaftliche Texte unbedingt gestelzt, wohl temperiert und langweilig daherkommen müssen. Geistreiche Pointen, elegante Formulierungen und Lebensnähe sind durchaus erwünscht, auch überraschende Wendungen, Humor oder bissige Kritik dürfen vorkommen. Versuchen Sie eine Form des Schreibens zu praktizieren, die sowohl beim Schreiben als auch beim Lesen Spaß macht. Leider werden Sie auch diesbezüglich nicht viele nachahmenswerte Vorbilder finden. Nur wenige wissenschaftliche Autoren behaupten von sich, dass ihnen wissenschaftliches Schreiben auch Spaß macht, die meisten schweigen sich zu diesem Thema ganz aus. Ich vermute mit Stitzel (1999, S. 146),

> dass die Genugtuung über eine lange Publikationsliste mehr Lustgewinn verschafft als die Tätigkeit des Schreibens selbst: Eingeklemmt in den verinnerlichten Schraubstock bzw. die Tretmühle des *publish or perish*, hasten sie zum Erfolg, ohne des Weges zu achten, den sie - in ihren besten Jahren! - ruhelos, fast besinnungslos, durchmessen. Manchmal, hört man, ziehen sie sich in dunkle Kammern zurück (...), um nicht vom Tageslicht geblendet zu werden, oder sie suchen Zuflucht hinter gewaltigen Bücherbergen, die sie vor dem offenen Leben schützen.

Für Michael Stitzel dagegen, Professor für Betriebswirtschaftslehre an der FU Berlin, ist das wissenschaftliche Schreiben eine *sehr konzentrierte und zugleich lustvolle Tätigkeit:*

Ich selbst (...) erlebe in den besten Zeiten Schreiben (...) als eine aus dem Zeitablauf herausgelöste Form höchster Konzentration, in der ich zu einem Punkt extremer Energie werde und außerhalb meiner auch nichts mehr wahrnehme. Allerdings ist es paradoxerweise alles andere als unwichtig, wo ich mich dann gerade befinde: am liebsten im Freien, in einer Landschaft, die mir gefällt, also ‚an der Biegung des Flusses‘, oder aber in einer anregenden Kneipe (...), den Lärm um mich herum nehme ich nicht wahr. Wenn ich dann aus der Konzentration auftauche, entdecke ich augentastend erstaunt die Natur um mich herum, oder ich trinke genussvoll ein Glas Wein. Glück des Schreibens! (1999, S. 147)

Schreibreise

ein faszinierendes Wort.   schreiben
Ich kann es - und doch nicht.
Grenzen - Mauern - Leere - Nichts
Was heißt leicht, spontan, fließen lassen?
Was und wohin?

Alles ist in mir -
zerbrechlich noch, schon etwas geformt,
eine unbekannte Welt, verschwommen im Nebel.
Ich tauche ein: Labyrinth, Chaos; Wo ist die wohltuende Ordnung?
Schwimmende Wörter, Emotionen, Stille, Angst
-Schreiblosigkeit!-

ein angstmachendes Wort?   schreiben
Ein weißes Blatt. Wo sind die Wörter,
die Sätze bilden sollen, einen guten Text, was immer das auch ist?
Angst, in Räume zu gehen, die ich lieber verschlossen halten möchte.
Ich kann sie nicht ignorieren.
Sie sind da, drücken und schreien nach Öffnung.

ein befreiendes Wort!   schreiben
Schreiben, dass andere lesend still werden, zuhören, lachen,
träumen, weinen, tanzen, immer wieder beginnend.

fesselnd - die Rettung - (m)eine Reise ins Ich,   schreiben
in eine spannende Welt,
in die ich aufbreche.
Vergessen - die Angst.

Gabriele Karasinski
KommJournal 1998

3.3 Was tun gegen Schreibprobleme?

Damit wissenschaftliches Schreiben nicht zur Qual wird und sich gar nicht erst mit Stress, Angst und Frust verbindet, ist es wichtig, möglichst viele *positive Schreiberfahrungen* zu machen und sich nicht entmutigen zu lassen. Wichtig sind auch Muße und Gelassenheit. Entspannen Sie sich, versuchen Sie, auch spielerisch an das wissenschaftliche Arbeiten heranzugehen! Für ein lustvolles, entspanntes, *spielerisch-experimentierendes* Hineinkommen in den Schreibprozess bieten sich insbesondere Schreibspiele und die Methoden des Kreativen Schreibens an, wie z.B. das Clustern, das Free-Writing oder das Führen eines wissenschaftlichen Journals. Schlagen Sie dazu Kapitel 4 auf und probieren Sie gleich einmal eines der Schreibspiele aus. Vergessen Sie das Vorurteil, spielen sei Kinderkram; auch Erwachsene dürfen spielen!

Wenn Sie während des Studiums Schwierigkeiten mit dem Schreiben bekommen, lassen Sie sich davon nicht allzu sehr beeindrucken. Schreibblockaden sind beim (wissenschaftlichen) Schreiben gang und gäbe, fast jede und jeder kennt sie. Gehen Sie *gelassen und gleichzeitig offensiv* damit um; finden Sie Wege, diese Hindernisse aufzulösen. Es gibt viele Möglichkeiten, um über Schreibblockaden hinwegzukommen. Lassen Sie sich beispielsweise von den folgenden *Übungen und Tricks* anregen:

- Jeden Tag wenigstens eine Zeile schreiben. Damit wird Schreiben zu einer alltäglichen Sache, die immer wieder gelingt.

- Stellen Sie sich vor, Sie schreiben nur einen Brief an einen Freund. Beginnen Sie Ihren Text mit "Lieber ...". Diese Anrede können Sie später streichen.

- Wechseln Sie Ihr Schreibzeug. Wechseln Sie vom Füller zum Bleistift, vom Buntstift zum Computer oder zur Schreibmaschine. Dabei merken Sie, dass Schreiben im Grunde ein Spiel ist.

- Erzählen Sie einem Freund, was Sie schreiben wollen und schreiben Sie es dann. Oft fällt das Erzählen leichter als das Schreiben.

- Schreiben Sie die Gründe nieder, warum Sie überhaupt nicht schreiben können. Ist Ihnen der Schreibblock klar, ist er auch zu lösen.

- Beschreiben Sie Ihre Gefühle, als das Schreiben einmal gut ging. Vielleicht kommt so der Spaß am Schreiben wieder.

- Befragen Sie andere Schreiber nach ihren Tricks, mit denen sie das Schreiben beginnen.

- Wechseln Sie Ihre Schreibzeit. Vielleicht lässt sich nachts schreiben, was am Tag überhaupt nicht ging.

- Sagen Sie sich oft beim Schreiben, das ist nur ein Experiment, ich spiele nur, Schreiben ist ganz leicht, Schreiben macht Spaß (wenn Sie autogenes Training können, nehmen Sie derartige Vorsätze in Ihr Unterbewusstsein auf) (...)

- Diktieren Sie Ihren Text auf Tonband und lassen Sie ihn dann von jemand anderem schreiben.

- Machen Sie einfach eine Pause und versuchen Sie es später noch einmal.

- Lesen Sie das, was Sie gerade geschrieben haben, noch einmal durch, und achten Sie auf neue Einfälle zum Weiterschreiben.

- Schreiben Sie für einen Leser, von dem Sie annehmen, dass er Ihren Text gut gebrauchen kann, oder für einen Leser, der Ihrer Arbeit generell positiv gegenübersteht.

- Machen Sie einen Spaziergang, heben Sie Gewicht, joggen Sie, tanzen Sie, gehen Sie schwimmen. Alles was Ihren Kreislauf aktiviert, könnte auch Ihre Schreiblust wieder beleben. Auf jeden Fall kürzen Sie Ihre Schreibzeit um 75 %! (...)

- Wechseln Sie Ihren Schreibplatz. Ein Platz in einem Nachtcafé war der ideale Schreibplatz der Expressionisten. Schreiben Sie mal in Ihrer Küche, auf dem Balkon, prüfen Sie, ob das Schreiben dort besser geht. Der entlastende Blick aus dem Fenster kann auch helfen. Nur müssen Sie herausfinden, welche Art Ausblick Sie brauchen: eine Landschaft, eine Mauer, eine Straße?

- Malen Sie in Gedanken ein Bild oder eins auf Papier. Machen Sie Fotos, oder Collagen zu dem Thema, zu dem Sie nichts schreiben können.

- Versuchen Sie eine Phase "freewriting", so schnell und so exzessiv Sie können (...).

- Stoppen Sie in der Mitte des Satzes. Dieser Trick ist besonders wichtig, wenn Sie plötzlich unterbrochen werden und später weiterschreiben wollen. Am Ende des Schreibens eines Kapitels achten Sie darauf, vom neuen Kapitel wenigstens schon den Anfang zu schreiben, oder eine kleine Extra-Gliederung des kommenden Kapitels zu machen, sonst kann es hier einen längeren Schreibblock geben.

- Schreiben Sie die leichtesten Teile Ihres Textes zuerst.

- Muntern Sie sich auf. Wenn Sie rauchen, rauchen Sie erst, wenn Sie Ihr Pensum geschrieben haben. Nach einem Abschnitt spendieren Sie sich eine Tasse Kaffee. Spielen Sie Musik, wenn das Ihren Schreibfluss fördert, aber achten Sie darauf, dass es die richtige Musik ist!

- Beginnen Sie Ihr Schreiben, indem Sie sich vom Text eines anderen Autors anregen lassen.

- Lesen Sie sich durch, was andere Schreiber über das Bewältigen von Schreibblöcken geschrieben haben (...).

- Machen Sie Ihre Schreibziele immer bewältigbarer. Merke: Sie können einen Elefanten niemals mit einem Biss herunterbekommen.

- Schreiben Sie ein Pseudonym auf Ihr Schreibpapier und spielen Sie dann die Rolle des eigenen Ghostwriters, das erleichtert.

- Beteiligen Sie Ihr Unbewusstes am Schreibprozess. Stellen Sie sich darauf ein, dass Ihr Unbewusstes mitarbeitet. Achten Sie auf plötzliche Einfälle Ihres Unbewussten zum Thema. Wenn diese Einfälle nützlich sind, beginnen Sie zu schreiben.

- Machen Sie gar nichts, hören Sie die Stille, genießen Sie die Ruhe, und vielleicht ergibt sich plötzlich die nächste Zeile, die Sie wieder zum Schreiben bringt. (...)

> – Reden Sie mit Ihrem Über-Ich. Sprechen Sie es in einem Dialog an und fragen Sie es, warum es Sie hindert, mit dem Schreiben fortzufahren. Seien Sie sicher, dass dieser innere Dialog einige der Gründe für Ihre Schreibblöcke zu Tage fördert (...). Denken Sie an die drei großen Killer des Schreibens: Perfektionismus, Furcht, Größenphantasie (...).(von Werder 1995a, S. 69 f.)

Auch das *Arbeiten in Schreibgruppen* (vgl. dazu Kruse 1997, S. 38 ff) kann sehr hilfreich und motivierend sein. In Gruppen lernen viele Menschen leichter und schneller schreiben. Die Gruppe gibt Anregung, Rückmeldung und kann helfen, motivationale Tiefs zu überbrücken. Schreibgruppen können - vorausgesetzt sie treffen sich regelmäßig etwa einmal wöchentlich - ganz unterschiedliche Arbeiten und Schreibprojekte gemeinsam durchführen.

Wenn Sie *ernsthafte Probleme* mit dem wissenschaftlichen Schreiben haben, versuchen Sie einen Neuanfang zu machen. Wie ein solcher Neuanfang aussehen kann, beschreibt Otto Kruse in seinem Buch „Keine Angst vor dem leeren Blatt" auf den Seiten 44 - 47.

Meiner Meinung nach ist es für Studierende *in jedem Fall sinnvoll*,

– sich über das wissenschaftliche Schreiben und Arbeiten näher zu informieren;

– sich mit dem komplexen Phänomen des Schreibprozesses auch theoretisch auseinanderzusetzen und es damit besser zu verstehen;

– sich von falschen Vorbildern und dem so genannten Uni-Bluff nicht beeindrucken zu lassen;

– sich auf einen kleinschrittigen, jahrelangen Lernprozess einzustellen;

– sich viel Zeit und Muße für das Üben und das Sammeln von positiven Schreiberfahrungen zu nehmen.

Zu alldem möchte ich Sie mit diesem Buch anregen und Ihnen wichtiges Handwerkszeug vermitteln. Wenn Sie darüber hinausgehend Hintergrundwissen, Know How und Ratschläge suchen, werden Sie sicher in folgenden Büchern fündig:

📖 Becker, Howard S. (1994). *Die Kunst des professionellen Schreibens. Ein Leitfaden für die Geistes- und Sozialwissenschaften.* Frankfurt/Main; New York: Campus Verlag.

📖 Franck, Norbert. (1998). *Fit fürs Studium. Erfolgreich lesen, reden, schreiben.* München: Deutscher Taschenbuch Verlag.

📖 Kruse, Otto. (1997). *Keine Angst vor dem leeren Blatt. Ohne Schreibblockaden durchs Studium.* 5. Auflage. Frankfurt; New York: Campus Verlag.

📖 Bünting, Karl-Dieter, Bitterlich, Axel & Pospiech, Ulrike. (1996). *Schreiben im Studium. Ein Trainingsprogramm.* Berlin: Cornelsen Scriptor.

📖 Bünting, Karl-Dieter, Bitterlich, Axel & Pospiech, Ulrike. (2000). *Schreiben im Studium: mit Erfolg. Ein Leitfaden.* Berlin: Cornelsen Scriptor.

📖 Rückriem, Georg, Stary, Joachim & Franck, Norbert. (1995). *Einführung in das wissenschaftliche Arbeiten.* 9. Auflage. Paderborn: Schöningh.

📖 Sesink, Werner. (1994). *Einführung in das wissenschaftliche Arbeiten ohne und mit PC.* 2., völlig überarb. und aktualisierte Aufl. München; Wien: Oldenbourg Verlag

📖 Werder, Lutz von. (1995a). *Kreatives Schreiben in den Wissenschaften.* Berlin; Milow: Schibri-Verlag.

📖 Esselborn-Krumbiegel, Helga. (2002*). Von der Idee zum Text. Eine Anleitung zum wissenschaftlichen Schreiben.* Paderborn: Schöningh.

📖 Rico, Gabriele. (1984). *Garantiert schreiben lernen. Sprachliche Kreativität methodisch entwickeln - ein Intensivkurs auf der Grundlage der modernen Gehirnforschung.* Reinbek: Rowohlt.

📖 Wagner, Wolf. (1997). *Uni-Angst und Uni-Bluff. Wie studieren und sich nicht verlieren.* 4. Aufl. Hamburg: Rotbuch Verlag.

4. Schreibspiele und Methoden des Kreativen Schreibens

4.1 Schreibspiele und Übungen zum wissenschaftlichen Arbeiten

In den Kapiteln 1 bis 3 bin ich bereits auf die Bedeutung von Schreibspielen und Methoden des Kreativen Schreibens auch im Zusammenhang mit dem wissenschaftlichen Schreiben eingegangen. Hier stelle ich nun Schreibspiele und verschiedene Übungen[1] vor, die sich auch in Hochschulseminaren bewährt haben. Es macht Spaß damit zu experimentieren, und zwar sowohl alleine als auch in der Gruppe. Probieren Sie es einfach aus: im stillen Kämmerchen, mit oder ohne Computer, mit und ohne KommilitonInnen. Für das Arbeiten in der Schreibgruppe eignen sich besonders die Spiele und Übungen in Abschnitt 4.1.2, für das individuelle Arbeiten die hier folgenden.

4.1.1 Für das individuelle Experimentieren und Arbeiten

Clustern und schreiben zum eigenen Namen
Schreiben Sie Ihren Vornamen mitten auf ein weißes Blatt Papier und kreisen Sie ihn ein. Warten Sie jetzt mit geschlossenen Augen auf Einfälle. Schreiben Sie diese stichwortartig auf und kreisen Sie sie auch ein. Verbinden Sie dabei Ihre Assoziationen spontan entweder kettenförmig von Ihrem Namen ausstrahlend oder direkt mit Ihrem Namen. Schon bald wird sich eine Schreibidee einstellen. Verfassen Sie jetzt einen kurzen Text und verwenden Sie dabei nach Belieben Stichwörter aus Ihrem Cluster. Es ist manchmal hilfreich, den ersten Satz des Textes am Schluss - eventuell auch in veränderter Form - wieder aufzugreifen.

An verschiedenen Orten schreiben
Schreiben Sie an aufeinander folgenden Tagen an verschiedenen Orten, z.B. im Bett, am Küchentisch, im Café oder auf einer Parkbank. Beobachten und reflektieren Sie die Erfahrungen, die Sie dabei machen.

---

[1] Die Quellennachweise für die Spiele und Übungen, die ich hier vorstelle, finden Sie auf den Seiten 151f.

Befindlichkeit beschreiben
Sammeln Sie sechs bis zehn Wörter, die Ihr augenblickliches Befinden umschreiben. Zu einem dieser Wörter wird dann ein kurzer Text von drei bis vier Sätzen geschrieben.

Fotogeschichte
Wählen Sie einige Bilder aus einer Illustrierten, und erfinden Sie eine Geschichte, die alle Bilder verbindet.

Gucklochtext
Dafür brauchen Sie ein Blatt, ca. DIN-A 4 groß, mit einem quadratischen Loch von nur 1 x 1 cm. Durch das Loch schauend, wählen Sie sich einen Ausschnitt aus Ihrer Umgebung, den Sie dann ein paar Minuten lang auf sich wirken lassen. Dabei notieren Sie einzelne Wörter, die Ihnen in den Sinn kommen. Aus diesen Wörtern oder auch nur einem Teil davon lassen Sie sich dann zu einem kurzen Text inspirieren.

Wiederkehrende Elemente
Clustern Sie (vgl. Abschnitt 4.2.4) zunächst zu einem Wort (z.B.: vielleicht, manchmal, immer, ja, nein, alles, nichts, mag sein) und schreiben Sie davon ausgehend einen kurzen Text, in dem das von Ihnen gewählte Wort immer wieder aufgegriffen wird. Vergessen Sie dabei die Regel „Wortwiederholungen vermeiden"! Denn die Wiederaufnahme von Motiven ist ein wichtiges Stilmittel von Texten, die wirken, überzeugen, beeinflussen wollen. Wiederkehrende Wörter, Klänge, Bilder, Sprachmuster sprechen das Gefühl an und verstärken den Eindruck von Einheitlichkeit und Ganzheit.

manchmal gibt es so viele verschiedene dinge die mir wichtig erscheinen
manchmal fällt mir dabei die richtige abwägung schwer
manchmal denke ich ich kann mich nicht entscheiden
manchmal denke ich das ändert sich nie bei mir
manchmal verwirren mich alle meine zweifel
manchmal weiss ich nicht mehr wohin
manchmal bedrängen mich alle seiten
und drohen zusammenzustürzen und mich zu begraben und
manchmal kommt in letzter sekunde der rettende strohhalm von allein
manchmal aber raffe ich alle meine kräfte auf um mich festzuankern
mich da herauszureissen
manchmal habe ich wieder festen boden unter den füssen
manchmal sieht so mein leben aus
manchmal ist manchmal immer

dirk wels
kreatives schreiben 99/00

Schreiben nach Bildern

Nehmen Sie ein Bild zur Hand, das möglichst offen und mehrdeutig ist und sehr unterschiedliche Assoziationen wecken kann (gut geeignet sind Bilder von Magritte, z.B. „Die Rückkehr" 1940). Versenken Sie sich in die Betrachtung des Bildes, lassen Sie es ca. 3 Minuten auf sich wirken und notieren Sie dabei einzelne Wörter, die Ihnen dazu einfallen. Aus einigen dieser Wörter entsteht dann eine kurze Prosaskizze (2 bis 3 Sätze), in der Sie sich selbst zum Bild in Beziehung setzen. Machen Sie keine bloße Bildbeschreibung, verwenden Sie eventuell das Stilmittel des „lyrischen Ichs". Der so entstandene Text wird dann mit der Methode des Zeilenumbruchs überarbeitet.

Zeilenumbruch

Ein Satz,
den man so schreibt,
wird ein Gedicht.
Ein Satz, den man
so schreibt,
ist ein Gedicht -
so ein Gedicht.

Effekt: Man liest bewusster, langsamer; inhaltliche Aussagen werden erweitert, verstärkt; es werden zusätzliche, neue Akzente gesetzt.

Schreiben nach Musik

Wählen Sie ein Musikstück von 5 bis 10 Minuten Dauer, das Ihnen nicht zu bekannt ist und möglichst keine „fertigen" Bilder und Assoziationen in Ihnen weckt. Setzen Sie sich möglichst entspannt an Ihren Tisch und hören Sie sich diese Musik an. Lassen Sie sie in aller Ruhe auf sich wirken und notieren Sie sich Stichwörter oder auch Satzfragmente, die Ihnen beim Hören der Musik spontan in den Sinn kommen. Nicht zensieren, alles einfach hinschreiben! Wenn die Musik verklungen ist, lassen Sie diese noch einen Moment nachwirken. Dann schreiben Sie ausgehend von den Notizen oder einem Teil davon einen kurzen Text.

Erwachen

Der erste Ton - knallgelb. Er stürzt auf mich ein, rüttelt an mir, zerrt am letzten Traumzipfel, den ich noch halte. Flecken mit der Farbe sehr reifer Orangen dringen ein, trösten, besänftigen. Doch das Gelb ist stärker, verkündet mir einen neuen Tag, neue Kraft, neuen Willen. Intensives Leben wird mir vorgegaukelt, umflattert mich wie ein Schmetterling, umtanzt mich nun in einem wirren Muster aller Farben im Regenbogen bis sich Blau, Grün, Rot und Violett erschöpft zurückziehen und mich das Gelb-Orange in sich aufnimmt, bis ich in mir das Leben spüre.

Petra (nach Musik von Jan Garbarek)
Kreatives Schreiben SS 2000

Endlose Weite öffnet sich vor meinen Augen.
Mein Blick schweift in die Ferne, in die Zukunft.
Die Ewigkeit gibt es nicht.
Die Zeit rennt, bald hat sie den Horizont erreicht.
Die Zukunft wird zur Gegenwart.
Die Weite wird zur Enge.
Hoffnung wird zur Angst.
Warum?

Studentin der Sozialarbeit/Sozialpädagogik
(nach Musik von Jan Garbarek),
Kreatives Schreiben SS 2000

Kurznovelle

Wählen Sie aus der Zeitung einen Artikel über ein Ereignis, das allgemein menschliche Bedeutung hat, das ein existentielles Problem enthält (z.B. Glück, Armut, Einsamkeit). Erzählen Sie dieses Ereignis dann in Form einer Kurznovelle.

Schreiberfahrungen

Notieren Sie in zwei Spalten positive und negative Schreiberfahrungen. Verarbeiten Sie diese Notizen oder einen Teil davon zu einem Text.

Aufgeräumter Schreibtisch

Machen Sie zu Hause einmal ein Rollenspiel mit sich selbst: Sie nehmen sich selbst so wichtig wie den Direktor eines bedeutenden Instituts und ordnen ihm die Materialien auf dem Schreibtisch, stellen ihm Blumen hin, achten darauf, dass schönes Papier, gute Schreibstifte, passendes Licht, eine Tasse Tee etc. vorhanden sind. Wenn alles arrangiert ist, wird die Rolle gewechselt: Jetzt können Sie auskosten, wie es ist, wie ein Direktor an einem schön präparierten Schreibtisch zu sitzen und zu arbeiten. Ändert sich etwas an Ihrem Arbeitsverhalten?

Meine Themen

Stellen Sie eine Liste von Themen auf, die Sie aus Ihrer Wissenschaft besonders interessieren, über die Sie gerne mit anderen diskutieren möchten. Stellen Sie dann eine Rangfolge auf, und zwar entsprechend der Bedeutung der Themen für Sie persönlich. Überlegen Sie dann, wie Sie zu weiteren Informationen über Ihre Lieblingsthemen kommen können und wo oder mit wem Sie sich darüber austauschen möchten. Diese Übung kann Sie dabei unterstützen, aktiver und bewusster mit den Inhalten Ihrer Wissenschaft umzugehen.

Lyrische Wissenschaft

Wichtige Gedanken oder ein zentraler Begriff einer Wissenschaft sollen in ein Gedicht verwandelt werden. Verwenden Sie dabei die Buchstaben des gewählten Wortes (z.B. Psychologie, Medienerziehung, Etikettierung, Kommunikation) als jeweiligen Anfang der Zeilen eines Gedichts. Das Gedicht muss sich nicht reimen, seine Zeilen können unterschiedlich lang sein.

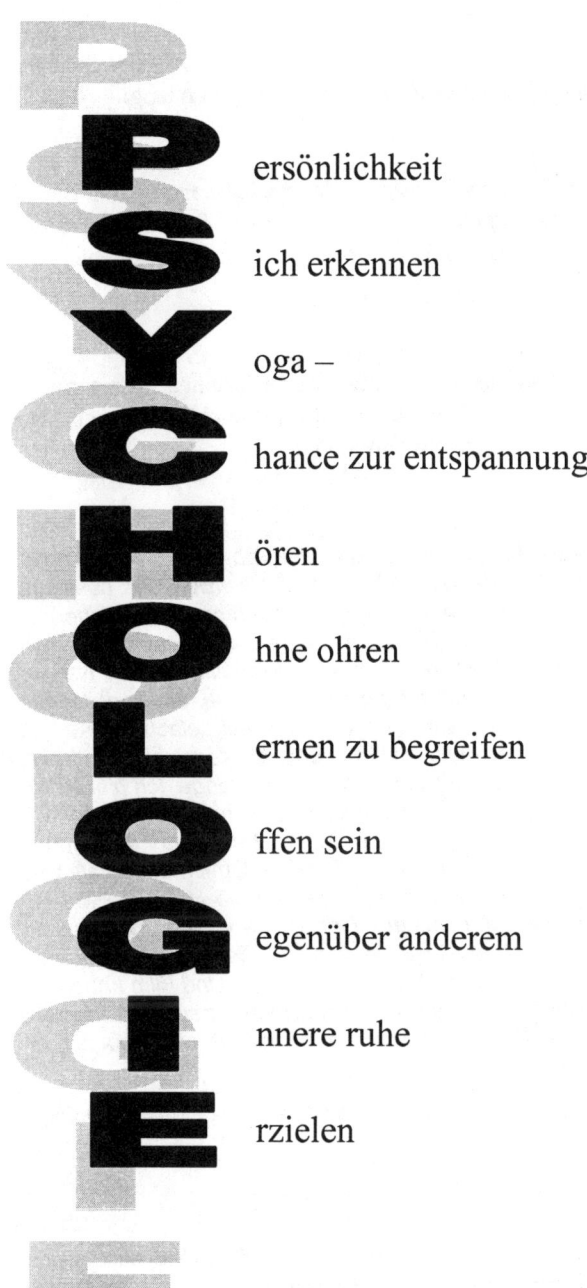

ersönlichkeit

ich erkennen

oga –

hance zur entspannung

ören

hne ohren

ernen zu begreifen

ffen sein

egenüber anderem

nnere ruhe

rzielen

Franziska Schnabel
KommJournal 1998

Wissenschaftliche Lyrik

Verwandeln Sie einen kurzen wissenschaftlichen Text in ein lyrisches Satzbild (links bündig, rechts Flattersatz, d.h. die Zeilen sind nicht gleich lang).

Geschichte der eigenen Ideen

Denken Sie einmal kurz darüber nach, welche wissenschaftlichen Ideen Sie in Ihrem bisherigen Leben überzeugt und beeinflusst haben. Schreiben Sie ein kleines Gedicht über den Einfluss, den diese Ideen auf ihr bisheriges Leben hatten.

Kinderaugen

Stellen Sie sich vor, sie kämen als sechsjähriges Kind in einen Seminarraum oder Hörsaal und beschreiben, was dort geschieht. Sie beschreiben auch, wie sie sich als sechsjähriges Kind in dieser Situation fühlen.

Studienbeginn aus Knirpsensicht

Hey, das war ein Spaß. Jede Menge große Leute, ziemlich ernste große Leute. Das Beste sind die bunten Wände. Wirklich! Aber wir werden das bestimmt auch noch machen, basteln und so, naja, dann ging's auch schon los. Einer mit Brille und Anzug hat angefangen zu erklären. Erst hat er uns die ganzen Namen der anderen Leute gesagt, aber die kann ich mir nich gleich alle merken. Na und dann fing's schon an. Viele Wörter die ich noch nicht kenne. Na und das die ganze Zeit. Dann kam ein lustiger Mann, der hat auch mal gelacht. Wir auch. Als sie uns dann am 2.Tag die Computer erklärt haben, ging's mir auf den Keks. Der Mann hat ständig so böse geschaut. Aber es war nicht lange. Ich glaube ich hätte mir doch Stifte mitnehmen sollen, da hätte ich was gemalt. Dann waren wir in der Bibliothek. Da wo die Bücher sind. Das war sehr streng, die Frau hat uns alles sehr genau erklärt. Viele Bücher in vielen Regalen. Ob ich da jemals was finden werde? Überhaupt, niemand nimmt mich hier an die Hand, so wie die Mami. Hier musste dich ganz schön kümmern. Gestern haben sie uns dann die Fächer erklärt, hab ich auch noch nicht viel verstanden. Ziemlich dunkel in den Gängen hier, da kannste Angst kriegen. Alles so verwinkelt. Und Film haben wir geschaut, aber ohne Sprechen, nur Musik. Heute mussten wir schon schreiben, ich durfte mir alleine was ausdenken, es wurde nicht gesagt, was man schreiben soll. Gut, oder?

Studentin der Kommunikationspsychologie
KommJournal 1999

Übersetzung

Wählen Sie eine wissenschaftliche Hypothese und schreiben Sie dazu einen Text, der von einem Kind leicht verstanden werden könnte.

Zwei Sprachen

Ein kurzer wissenschaftlicher Text soll in Alltagssprache oder poetische Sprache übersetzt werden.

Schreibfreude erleben

Schreiben Sie zum Thema „Meine erste Liebe" vier verschiedene Texte:

a. eine Kurzgeschichte für eine Literaturzeitschrift,
b. eine Selbstanalyse für ein Psychologie-Seminar,
c. ein Märchen und
d. ein Kapitel für einen Arztroman.

Drei Schreibweisen

Eine wissenschaftliche Hypothese Ihres Faches ist vorgegeben oder wird von Ihnen frei gewählt. Verfassen Sie nun über diese Hypothese drei Texte: 1. in Form eines Briefes an einen Freund / eine Freundin, 2. in Form eines Gedichts, 3. in Form einer persönlichen Tagebuchnotiz. Stellen Sie dann die Unterschiede in der Darstellung der Hypothese in diesen drei Textsorten fest.

Angenehme und unangenehme Begriffe

Schreiben Sie aus einem einführenden Text in Ihr Studienfach wichtige Begriffe heraus. Dann ordnen Sie diese nach angenehmen und unangenehmen: die angenehmen auf ein Blatt, die unangenehmen auf ein anderes. Achten Sie dabei auf den Klang der Begriffe, auf die Assoziationen und Gefühle, die sich einstellen. Was haben die angenehmen, was die unangenehmen Begriffe gemeinsam? Rationale Erwägungen sollten Sie bei dieser Übung vergessen.

Angenehme und unangenehme Ideen

Schreiben Sie Ideen/Erkenntnisse auf, mit denen Sie sich in Ihrem Studium gerade befassen oder vor kurzer Zeit befasst haben. Ordnen Sie sie jetzt danach, ob Sie sie als angenehm, unangenehm oder emotional neutral empfinden. Schreiben Sie jeweils ein oder zwei Sätze, warum Ihnen die Ideen/Erkenntnisse gefallen, missfallen oder gleichgültig sind. Vielleicht entdecken Sie auf diese Weise, womit Sie sich in Zukunft näher befassen möchten?

Begriffen eine Form geben

Wählen Sie einen Fachbegriff, zu dem Sie eine emotionale Beziehung haben. Welche Form hat er? Zeichnen Sie diese Form auf ein - eventuell farblich passendes - Papier, schneiden Sie die Form nun aus und komponieren Sie einen passenden Text (oder einzelne Wörter) hinein. Vielleicht lassen Sie sich dabei durch verschiedene Sinnesmodalitäten wie Farbe, Klang, Geschmack oder Geruch inspirieren (vgl. Abschnitt 4.2.3, Übung „Mit allen Sinnen Schreiben"). Übertreibungen, Parodistisches, Wiederholungen, Kontraste, Kritisches, Makabres ... - alles ist möglich.

Imaginäre Wissenschaftsgeschichte

Entwerfen Sie einen Wissenschaftler/eine Wissenschaftlerin, seine/ihre Forschungsmethode und sein/ihr Forschungsinstitut. Beschreiben Sie dann in einer Kurzgeschichte seine/ihre größte Entdeckung.

Beschreibung (mit allen Sinnen)
Wählen Sie eine Person, die Sie im Café, in der Straßenbahn, in der Hochschule beobachten. Fertigen Sie eine genaue Beschreibung dieser Person mit allen fünf Sinnen an (vgl. Abschnitt 4.2.3, Übung „Mit allen Sinnen schreiben").

Beschreibung (möglichst objektiv)
Wählen Sie ein Objekt aus der Natur (z.B. eine Frucht, eine Pflanze oder einen Stein) und beschreiben Sie dieses Objekt möglichst objektiv.

Reporter
Spielen Sie Reporter bzw. Reporterin. Wählen Sie ein Thema, und interviewen Sie Personen, die darüber etwas wissen. Die Ergebnisse des Interviews stellen Sie dann in einem Bericht zusammen.

Das Ich nicht eliminieren
Nehmen Sie einen wissenschaftlichen Text zur Hand, den Sie selbst gerade schreiben oder geschrieben haben. Bearbeiten Sie Teile daraus dann folgendermaßen: Schreiben Sie mit Bleistift zu einzelnen Begriffen, Formulierungen oder Abschnitten dazu, was Sie sich beim Schreiben jeweils gedacht bzw. was Sie empfunden haben, also zum Beispiel: Ihre Überlegungen zur Begriffswahl, zur Angemessenheit Ihrer Formulierungen, Ihre Zweifel oder Ihren Stolz über eine überzeugende Argumentation, Ärger über Misslungenes etc. So entsteht ein Text, der Ihre persönlichen Gedanken und Gefühle enthält, die Sie beim Schreiben eliminiert haben. Schreiben Sie dann diese Textteile neu, indem Sie Ihre Gedanken und Gefühle wieder in den Text einfügen. Sie werden den Text vielleicht kaum wieder erkennen.

4.1.2 Für das Experimentieren und Arbeiten in der Schreibgruppe

Namen buchstabieren
Setzen Sie die einzelnen Buchstaben Ihres Vornamens untereinander auf das Blatt und schreiben Sie dann mit jedem Buchstaben (als Anfangsbuchstabe) ein Wort, das zu Ihnen passt, für Sie typisch ist, Ihnen gefällt. Die Ergebnisse werden in der Gruppe präsentiert und gegebenenfalls kommentiert.

Vierzeiler
Sie erhalten drei kleine Zettel. Auf einem notiert jede/jeder ein Lebewesen (1), auf dem zweiten eine Eigenschaft (2) und auf dem dritten eine Tätigkeit (3). Es werden nun drei Stapel von Zetteln gebildet (1, 2, und 3), die durchgemischt und so ausgeteilt werden, dass alle TeilnehmerInnen von jedem Stapel einen Zettel erhalten. Aus den drei vorgegebenen Begriffen wird jetzt ein Vierzeiler gedichtet und der Gruppe vorgelesen.

Dichterlesung

Denken Sie sich ein Gedicht mit 8 Zeilen aus (muss sich nicht reimen!) und bringen Sie darin Informationen über sich unter. Dann wird eine „Dichterlesung" veranstaltet, die mit Geräuschen oder Musik untermalt werden kann.

Reihumschreiben

Jeder / Jede schreibt auf ein DIN-A 4-Blatt den Anfang einer Geschichte (zu einem frei gewählten oder vereinbarten Thema): etwa 2 bis 3 Sätze. Dann geben alle ihren Zettel nach rechts weiter. Auf dem jetzt erhaltenen Zettel wird die hier begonnene Geschichte mit einem oder ein paar Sätzen fortgesetzt. Dann wird wieder weitergegeben. Das wird so lange fortgesetzt, bis jeder wieder seinen ursprünglichen Zettel in der Hand hat. Jetzt wird die Geschichte mit einem Schluss versehen. Dann werden die Geschichten im Kreis vorgelesen.

Diese Übung ist in dieser Form für maximal 12 TeilnehmerInnen geeignet; mit Schreibmaschine und Endlospapier eignet sie sich auch für eine offene Aktion.

Die Vorlesung war mal wieder überfüllt und stinklangweilig. Traurig saß er mit seinen Kommilitonen auf der Treppe und ließ sich berieseln. Einige gähnten, andere schwätzten, wieder andere spielten Schiffchen versenken. Den Prof störte das nicht weiter, offensichtlich war er daran gewöhnt, dass er nur wenige aufmerksame Zuhörer hat. *Das schien wohl aber wenig zu stören. Er ergoss sich in Ausschweifungen und wurde sogar zunehmend begeisterter. Wenn etwas die ganze Situation erträglicher machte, war das die Luft, die durch das geöffnete Fenster eindrang.* Laue Frühlingslüftchen durchströmten den Raum und vereinzelt hörte man helles Vogelgezwitscher. Man konnte direkt neidisch auf die kleinen Piepmätze werden, sie saßen gemütlich auf einem Baum und genossen die ersten Frühlingssonnenstrahlen und man selbst saß mit einem Schreibblock vor der Nase im muffligen Hörsaal. *Und weil mir sooo langweilig war und mir die Augen schon zufielen und weil das Thema sooo öde und die Luft sehr stickig war, schlief ich ein und hatte einen äußerst seltsamen Traum.* Durch diesen Traum, in dem ich ganz alleine vor einem tiefen Abgrund stehe und kein Ende sehe, bin ich ins Grübeln gekommen. Ich habe versucht, den Traum zu deuten, doch ... *wer das schon einmal versucht hat weiß, wie sinnlos das Unterfangen eigentlich ist. Manchmal scheint das Unterbewusstsein doch intelligenter als das Bewusstsein!* Nein, widersprach der Professor, laut tiefenpsychologischen Untersuchungen sehe ich das völlig anders. Aber was weiß der schon von den Träumen der Studenten in seinen Vorlesungen. Ich für meinen Teil habe nächste Woche etwas besseres vor, als mir das Hirn im Hörsaal breitklopfen zu lassen.

Studierende der Sozialarbeit/Sozialpädagogik
Kreatives Schreiben SS 2000

Dialogisches Schreiben

Schreiben Sie zu zweit einen Text, z.B. so: eine/r schreibt einen „wenn"-Satz, der/die andere einen „dann"-Satz (ohne viel nachzudenken) und umgekehrt. Mehrere Durchgänge. Variante: „warum"-Sätze und „weil"-Sätze.

Metaphernmeditation

Die Schreibgruppe einigt sich auf einen Begriff (z.B. Zukunft, Friede, Liebe, Vertrauen, Psyche, Erziehung, Geborgenheit, Freunde, Einsamkeit, Jungsein). In Einzelarbeit werden zu diesem Begriff verschiedene Metaphern, also bildhafte Vergleiche, gesucht. Die gefundenen Metaphern werden gegenseitig vorgelesen und eventuell zu einem kurzen Text zusammengefügt.

Friede ist ...

ein Lächeln, ein Händedruck
wie ein sonnendurchfluteter Wald
die Stille am Sonntagmorgen
wie die Haut eines Luftballons
eine Welt ohne Folter

Zukunft ist

ein Buch mit sieben Siegeln
wie ein Überschallflug ins Ungewisse
das Lachen des Säuglings
mal ein bewölkter, mal ein klarer Himmel

aus: Thiesen 1995, S. 50

Ich bin der Prinz - Märchen erfinden

Erfinden Sie einzeln oder zu zweit ein Märchen, in dem Sie selbst mit Ihren Eigenschaften, Verhaltensweisen, biographischen Stationen etc. vorkommen. Danach lesen die einzelnen MärchenerzählerInnen ihr Märchen der Gruppe vor. Ob diese Sie wieder erkennt?

Zeitungsmärchen

Wählen Sie ein allgemein bekanntes Märchen und schreiben Sie es in Form einer 15-bis 20-zeiligen Zeitungsmeldung auf. Dann werden die "Zeitungsmeldungen" nacheinander vorgelesen und die übrigen TeilnehmerInnen sollen das Märchen erraten. Damit es nicht zu einfach wird, kann beim Texten auch nach Lust und Laune verfremdet werden.

Assoziationsspirale

Zunächst wird ein Begriff in die Mitte eines großen Bogens Papier geschrieben. Durch Zuruf bestimmt die Gruppe, was spiralförmig um diesen Begriff herum geschrieben werden soll, und zwar entweder zum Ausgangswort assoziierend oder zum letzten angeschriebenen. Auch wenn manche Assoziationen nicht von allen nachvollziehbar sind, darf nicht eingegriffen werden. Dann wird ein Durchmesser durch die Spirale gezogen, sodass mehrere Wörter "aufgespießt" werden. Mit diesen sollen dann Texte produziert werden. Die Form und den Inhalt bestimmt jeder /jede selbst, wobei Inhalt und Form zueinander passen sollten. Sie können Ihren Text beispielsweise in Form eines Briefs, eines Berichts, eines Tagebucheintrags, einer Erzählung, eines Märchens oder eines Gedichts (auch ungereimt!) abfassen. Meistens sind es übrigens gerade diejenigen

Wörter, die anscheinend gar nicht in den Kontext passen, die Ihnen beim Schreiben helfen, nicht in Klischees zu verfallen.

Meine Schreibbiographie

Zum Erkunden Ihrer Schreibbiographie interviewen Sie sich paarweise gegenseitig. Die Antworten werden spontan gegeben und vom Interviewer auf dem Fragebogen festgehalten.

In der Schule hieß Schreiben für mich vor allem ....

In der Freizeit heißt Schreiben für mich ....

Mit Schreiben im Beruf/im Studium habe ich bisher die Erfahrung gemacht, dass ....

Schreiben macht mir besonders Spaß, wenn ....

Schreiben wird für mich schwierig, wenn ....

Drei Sprachen

ist eine Übung, die vier Schritte beinhaltet:

- Jede/Jeder formuliert einen beliebigen Satz in Alltagssprache (Beispiel: Immer, wenn sie ihre Blumen gießt, spricht sie auch mit ihnen.),

- formuliert diesen Satz in einen literarischen um (Beispiel: Sie goss mit Wasser und sie goss mit Worten ihre Blumen, immer.),

- und dann in Wissenschaftssprache (Beispiel: Die Befriedigung des elementaren Bedürfnisses der Blumen nach Wasser erfolgt im zeitlichen Zusammenhang mit verbaler Kommunikation zwischen den Blumen und der Blumenhalterin.)

- Danach arbeiten Sie jeweils paarweise die Merkmale der Wissenschaftssprache heraus und werten Ihre Ergebnisse in der Gruppe aus.

Diese Übung macht auf spielerische Weise wichtige Unterschiede zwischen den verschiedenen Textsorten deutlich, ermöglicht Einsichten in die Konventionen wissenschaftlichen Schreibens. Auch unerfreuliche Erscheinungen und weit verbreitete Vorurteile über das wissenschaftliche Schreiben können zur Sprache kommen und hinterfragt werden.

Merkmale der Wissenschaftssprache

komplexe Satzstruktur
abstrakte Sprache, allgemeines Niveau,
objektiv, unpersönlich
Ursache-Wirkungs-Zusammenhänge
Nachvollziehbarkeit
Begriffe (Literatur: Metapher, Alltag: Klischee)
gewählte, elitäre Ausdrucksweise (ausgrenzend; bluffend)
Präzision, Genauigkeit, Differenziertheit
komplexe Realität und komplexe Sprache

Vorlesen, Paraphrasieren, Vortragen

Sie erhalten einen Textabschnitt z.B. aus „Psychologie Heute", der nicht zu trivial aber auch nicht zu schwer verständlich ist. Diesen sollen Sie nun mündlich paraphrasieren oder als kurze Stellungnahme für die Presse formulieren und dann vortragen. Sie haben jeweils ca. 10 Minuten Vorbereitungszeit.

Wissenschaftlicher Vortrag

Notieren Sie sich einige Stichpunkte zu einem vorgegebenen Thema und schreiben Sie einen kurzen „wissenschaftlichen" Text dazu. Sie haben insgesamt 5 Minuten Zeit. Dann wird vorgelesen bzw. vorgetragen, von allen TeilnehmerInnen. Möglicherweise haben Sie sich beim Schreiben ganz anders gefühlt als beim Vortragen.

Märchen- und Schlagerparodien

Gestalten Sie ein bekanntes Märchen, ein Volkslied oder einen Schlager also z.B. „Schneewittchen" oder „Hänschen klein ging allein" parodistisch um und präsentieren sie es bzw. ihn danach als Festvortrag, als politische Rede oder als Werbesendung. Vor der „Aufführung" haben Sie 10 Minuten Vorbereitungszeit.

Mal- und Schreibdiskussion

Sie sollen in Kleingruppen von 5 bis 7 Personen zu einem Ereignis oder einer Veranstaltung (z.B. Lehrveranstaltung, Selbsterfahrungsgruppe oder Tagung) eine Einschätzung abgeben, und zwar in der Form, dass Sie auf einem großen Blatt, das in der Mitte Ihrer Gruppe liegt, zeichnen, malen, Stichwörter notieren, Kritzeleien anfertigen etc. Sie antworten beispielsweise auf die Frage „Was ist mir in der heutigen / in der letzten Sitzung aufgefallen?" Alle können Stellung beziehen, allerdings soll dabei nicht gesprochen werden. Nach 10 Minuten können die Gruppenprodukte zunächst in den Kleingruppen besprochen werden, danach können alle an alle Fragen stellen.

Vier wissenschaftliche Begriffe

Vier wissenschaftliche Begriffe werden gewählt oder vorgegeben. Diese sollen in einem Gedicht vorkommen, das Sie verfassen und vortragen. Zur Erinnerung: Ein Gedicht ist ein Text in verdichteter Sprache, dessen Zeilen am linken Rand bündig beginnen und am rechten Rand ungleich lang sein können.

Wissenschaftsparodie

Erstellen Sie in Zweier- oder Dreiergruppen einen Artikel zu einem Nonsens-Thema, z.B. zum Thema „Die nonverbale Kommunikation von Tausendfüßlern unter besonderer Berücksichtigung des mimischen Ausdrucks". Wenden Sie für Ihren Nonsens-Aufsatz die wissenschaftliche Rhetorik und Begrifflichkeit einmal völlig unbekümmert und übertreibend an. Wenn Sie Unterstützung brauchen, lassen Sie sich von einem Buch inspirieren, vielleicht von einem Beitrag der Ihnen inhaltlich gar nicht oder nur schwer verständlich ist; über den Sie sich besonders geärgert haben, weil Sie jeden Satz 5 x lesen mussten bevor Sie ihn unter Zuhilfenahme von drei Fremdwörterlexika und 5 Fachlexika einigermaßen verstanden hatten. Imitieren und parodieren Sie die formalen, rhetorischen und stilistischen Besonderheiten der Wissenschaftssprache.

Die nonverbale Kommunikation von 1000-Füßlern unter besonderer Berücksichtigung des mimischen Ausdrucks

Um überhaupt ersteinmal die Kommunikation von **1000-Füßlern** zu beschreiben, braucht der Wissenschaftler natürlich die genaue Kenntnis der dem **1000-Füßlern** zur Verfügung stehenden Möglichkeiten jeglicher Art von Kommunikation. Relevant sind hier ja seine circa **1000 Füßl**, nicht zu vergessen der Gesichtsausdruck, wobei vor allem auf die Mimik unser Augenmerk gerichtet sein soll. Untrennbar mit dem Gesichtsausdruck ist hier die Annahme, Gründe gefunden zu haben, warum der **1000-Füßler** andauernd ein trauriges Gesicht macht. Man erkennt dies an der Kontraktion bestimmter Muskelpartien im Frontbereich, als Ergebnis kognitiver Vorgänge, die sich aus den gegebenen situativen Handlungstendenzen ergeben. Dabei bedarf es einer genauen Untersuchung der Handlungsgründe. In situativer Konstanz und Stabilität begründen sich auch einige im Sinne eines Persönlichkeitsmerkmals angelegte zyklische Gesichtsausdrücke. Hierzu zählen zum Beispiel der neurotisch-paranoide Blick und das zwanghaft-penetrante Grinsen. In bezug auf die Körpersprache ist besonders darauf zu achten, welches spezifische Gliedmaß er als erstes benutzt. Ganz speziell hervorzuheben ist hier das **857. Glied**, daß ein starker Indikator für die Disposition zu einer leichten depressiven Emotionalität ist. Wobei Emotionalität in diesem Kontext weniger im Sinne von Emotionen, als vielmehr als bestimmte Neigung zu speziellen Situationen zu verstehen ist, mit einer gewissen Wahrscheinlichkeit mit einer für Emotionen typischen Kombination der Motivations-, Kognitions-Verabeitung zu reagieren. Die Ausführungen sind selbstverständlich noch einer kommunikationspsychologischen Kritik zu unterziehen, auf die wir hier aus Platzgründen verzichten.

Studentinnen der Kommunikationspsychologie
KommJournal 1999

4.2 Methoden des Kreativen Schreibens

Sicher haben Sie schon einige Schreibspiele ausprobiert und Lust bekommen, auch mit den Methoden des Kreativen Schreibens zu experimentieren. Ich stelle Ihnen die aus meiner Sicht wichtigsten für den Zusammenhang des wissenschaftlichen Schreibens vor [2].

---

2 Die Quellennachweise für die Methoden des Kreativen Schreibens, die ich hier vorstelle, finden Sie auf den Seiten 153f.

4.2.1 Free-Writing: freies, assoziatives, schnelles Schreiben

Zur Methode

Bei dieser grundlegenden Methode des Kreativen Schreibens kommt es darauf an, 5 bis 10 Minuten lang draufloszuschreiben, ohne nachzudenken und ohne den Stift abzusetzen. Free-Writing, „der leichteste Weg, um Worte auf das Papier zu bringen" (von Werder 1995a, S. 29), kann sehr unterschiedliche Potenzen entfalten. Zum Beispiel hilft es, die Gedanken zu ordnen, wenn man in einem Gedanken-Wirrwarr steckt. Es kann einen auch in einen intensiven Kontakt mit einem Thema bringen, über das man schreiben möchte, an das man sich aber bislang nicht so recht herangewagt hat. Free-Writing produziert keine starken Texte, aber es stärkt die Schreibkraft. Wichtig ist der Prozess, nicht das Produkt.

Free-Writing gilt als *bewährte Methode, um die „innere Sprache" zu artikulieren*; sie ist auch für wissenschaftliches Arbeiten grundlegend, weil auch die Entwicklung des wissenschaftlichen Schreibens von der Aktivierung der „inneren Sprache" abhängt. Der US-Amerikaner Ken Marcorie, der das erste Free-Writing in Gruppen durchgeführt hat, fasst seine langjährigen Erfahrungen so zusammen:

> Free-Writing bedeutet für meine Studenten und mich weit mehr, als Wörter schnell und unbewusst aufzuschreiben ... Die meisten Free-Writer machen die Erfahrung, dass diese Methode eine Goldmine erschließt. Sehr oft, wenn wir mit dieser Methode graben, werden wir in hohem Maße überrascht, und wir finden einen eigenen Ton. Dann können wir den Text überarbeiten und auch den Unsinn vom Sinn trennen. Free-Writing ist unbestritten ein Schlüssel, die unbewusste Kraft der Sprache in uns zu aktivieren. (Marcorie 1991, zitiert nach von Werder 1993, S. 111)

Free-Writing kann auch Schreibprobleme und Schreibwiderstände auflösen. Es motiviert zum Schreiben, selbst dann, wenn man keinerlei Drang zum Schreiben verspürt. Der Schreibforscher Peter Elbow schreibt dazu:

> Am häufigsten setze ich Free-Writing ein, wenn ich mich in meinem Schreiben blockiert fühle ... Durch das freie Schreiben erkenne ich immer, was vor sich geht, und so gewinne ich wieder Macht über meinen Schreibprozess. (Elbow 1991, zitiert nach von Werder 1993, S. 112)

Free-Writing erleichtert die notwendige *Auseinandersetzung mit den Gefühlen, die den Prozess des wissenschaftlichen Schreibens begleiten,* und die oftmals die kognitiven Fähigkeiten in hohem Maße beeinflussen oder belasten. Es entsteht beim Free-Writing eine Menge Unbrauchbares und Chaos. Gerade das Ungeordnete aber gibt vielfältige Anregungen nach einer Ordnung zu suchen. Free-Writing produziert Analogien und Metaphern und verhilft dadurch dem rationalen Denken dazu, sich klarer und überzeugender zu artikulieren. Mit dieser Methode kann man das Schreiben einmal frei von überflüssiger Kontrolle erfahren, offen für Gefühle, die sonst unterdrückt werden.

Nach von Werder (1993, S. 113) gibt es kaum ein anderes Schreibverfahren, das besser geeignet ist, den Schreibprozess mit allen seinen Geheimnissen zu reflektieren, ihn bewusst und damit leichter lernbar zu machen. Insoweit ist Free-Writing auch eine Methode, *„um im wissenschaftlichen Schreiben einen höheren kognitiven und intellektuellen Standard zu erreichen"*.

Free-Writing kann auch als wissenschaftliche Forschungsmethode eingesetzt werden. Der amerikanische Schreibforscher Peter Elbow führt dazu aus, dass Free-Writing bei ihm hauptsächlich die Funktion hat, seinen Drang zur Erforschung und zum Ergründen von Themen zu unterstützen.

Wenn ich einen Gedanken bekomme, gebe ich mir selbst die Erlaubnis, ihn auf dem Papier sich - ganz ohne Kontrolle, wohin er auch immer will - zu entfalten, sogar, wenn es chaotisch wird. Diese Art des Free-Writing ist sehr nützlich für mich, weil so mein Gehirn am besten kreativ wird, wenn es ihm erlaubt wird, unkontrolliert und ohne Plan zu arbeiten. Ich kann nicht viele Ideen oder Konzepte finden, wenn ich mich auf einer festen Schiene oder in einem Korsett bewege. Das ungebremste Schreiben aktiviert meine geistigen Kräfte, macht mich betroffen, polt mich um, sodass nun die Ideen zu fließen beginnen. (Elbow 1991, zitiert nach von Werder 1993, S. 112)

Beim *Einsatz in verschiedenen Hochschulseminaren* wurden mit der Methode des Free-Writing folgende Erfahrungen gemacht:

– Free-Writing hilft den Studierenden dabei herauszufinden, über welche Themen sie schreiben wollen und können;

– Free-Writing kann die Fähigkeit entwickeln helfen, gelesene Texte in eigenen Worten wiederzugeben und die eigenen Lesefrüchte aus wissenschaftlichen Texten zu ordnen;

– Free-Writing kann die Gefühle bearbeiten helfen, die beim wissenschaftlichen Schreiben aus Verzweiflung über das Scheitern eines Textes und aus Angst vor dem Versagen z.B. bei der Entwicklung einer Gliederung entstehen (vgl. von Werder 1993, S. 113 f.).

Auch für das *Führen eines wissenschaftlichen Journals* (vgl. Abschnitt 4.3) ist Free-Writing eine bewährte Methode. Die Studierenden können sich damit besser bewusst machen, was sie an der Hochschule alles lernen (sollen) und wie sie darauf reagieren.

Zur Anwendung

– Schreiben Sie fünf Minuten lang einfach drauflos. Schreiben Sie spontan über das, was Ihnen einfällt: Gerüche, Ansichten, Geräusche, Ideen.... Wenn Ihnen nichts einfällt, schreiben Sie über Ihre Schreibblockade. Es kommt nicht darauf an, Kluges oder gut Formuliertes aufs Papier zu bringen, sondern nur darauf, dass Sie im Schreibprozess bleiben. Schreiben Sie schnell, zensieren Sie nicht. Kümmern Sie sich nicht um Zusammenhänge, wundern Sie sich nicht, denken Sie nicht nach. Es wird nicht zurückgeschaut oder hinterfragt, nichts durchgestrichen oder korrigiert. Versuchen Sie, entspannt und lustvoll zu schreiben. Die so entstandenen Textteile, Bruchstücke, Assoziationsketten können dann überarbeitet werden.

- Nutzen Sie die Technik des Free-Writing künftig auch für die Einträge in Ihr wissenschaftliches Journal.

- Zur ersten Annäherung an ein Thema: Schreiben Sie fünf Minuten lang alle Gefühle, Ideen, Einfälle nieder, die das Thema bei Ihnen auslöst. Dabei geht es keineswegs um „gute" Gedanken, sondern um erste Gedanken. Diese können aber durchaus sehr wichtig sein und Ihnen Ihr Thema erschließen helfen.

- Free-Writing kann allerdings auch verwirren oder überfordern, wenn es exzessiv angewandt wird, also z.B. täglich und stundenlang.

free-writing

> *zeit*
> *was mich immer schon beschäftigt vieles beschäftigt mich alles*
> *beschäftigt mich vor allem die organisation der zeit beschäftigt mich*
> *wie kann ich es mir organisieren all die bücher zu lesen die mich*
> *interessieren und auch zu verstehen das heißt wohl durcharbeiten was*
> *noch mehr zeit kostet*
> *das ist ja hier furchtbar bei diesem studium dieses*
> *buch und dieses buch oh hilf die wichtigen*
> *von den unwichtigen zu*
> *unterscheiden es wäre schade um die zeit*
> *zeit fehlt ja überwiegend fehlt sie mir und wo sie mal nicht fehlt da*
> *vertrödle ich sie warum eigentlich dafür studiere ich ja nun um genau*
> *das rauszukriegen allerdings brauche ich zum lesen der erforderlichen*
> *literatur unendlich viel zeit die ich nicht habe oder vertrödle also wie*
> *nun falsches studium?*

Studentin der Kommunikationspsychologie
KommJournal 1999

4.2.2 Free-Writing-Texte verdichten

Kurzer Prosatext
Ein Free-Writing-Text kann eingängiger, aussagekräftiger und prägnanter werden, wenn man ihn auf 20 bis 30 Wörter verdichtet. Dafür schaut man sich jeden Satz, jedes Wort daraufhin an, was passiert, wenn man ihn bzw. es streicht. Ändert sich am Sinn des Textes nichts, wird das Wort oder der Satz herausgenommen. Mit großer Wahrscheinlichkeit ist der Text danach klarer und aussagekräftiger.

Das Wesentliche eines Free-Writing-Textes kann auch in Form eines Gedichts pointiert herausgearbeitet werden. Für dieses Verdichten eignen sich z.B. das „Elfchen", der „Schneeball" oder das „Haiku".

Elfchen

Kurzes Gedicht, bestehend aus elf Wörtern, verteilt auf fünf Zeilen, wobei in der ersten Zeile ein Wort, in der zweiten zwei Wörter, in der dritten drei, in der vierten vier und in der fünften Zeile ein Wort steht. Dieses letzte Wort kann ein Aufruf sein, eine Frage, eine Provokation, ein witziges Element.

Hitze

Hitze drückt

Hitze macht schlapp

Schon am frühen Morgen

Oh![3]

Schneeball

Rautenförmiges Kurzgedicht, bestehend aus sieben Zeilen: in der ersten Zeile ein Wort, in der zweiten zwei Wörter, in der dritten drei, in der vierten vier; in der fünften Zeile drei Wörter, in der sechsten zwei, und in der letzten Zeile ein Wort.

---

3 Dieser Beispieltext ist im Rahmen des Ausbildungsgangs "Wissenschaftliches und berufliches Schreiben" für Studierende und Lehrende am Institut für Kreatives Schreiben e. V. Berlin 1998 entstanden.

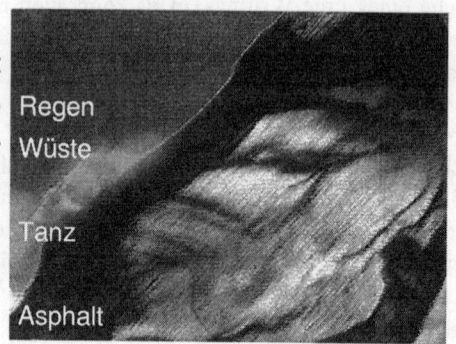

Herbeigesehnt
Wie Regen
In der Wüste
Ich lade dich ein
Zu einem Tanz
Auf nassem
Asphalt

Sylvia Wünsche
KommJournal 2000

Haiku

Ein Haiku ist ein japanisches Kurzgedicht mit meditativem Charakter. Es zeichnet sich durch eine stark verdichtete und bildhafte Sprache aus. Es besteht aus nur drei Zeilen mit insgesamt 17 Silben, wobei die letzte Zeile eine überraschende Wendung, eine Pointe bringen kann.

1. Zeile: fünf Silben
2. Zeile: sieben Silben
3. Zeile: fünf Silben

Haikus zum Thema Herbst[4]

Der Wind hat ein sehr
leichtes Spiel in den Zweigen,
sie zittern erstaunt.

Die Vogelscheuche -
sie zittert wie Espenlaub;
ihr Trost: ein Vogel.

Am Spinnengarne
seilt sich ein Sonnenstrahl ab -
der Wind zerreißt ihn ...

Milchtrüber Himmel:
noch unbeschrieben die Luft
von Krähenschwingen.

Stumm sind geworden
rings um den Tisch die Stühle.
Zu Gast die Blätter

---

4 Veröffentlichung der Deutschen Haiku-Gesellschaft. In: Praxis Deutsch Heft 87,
   S. 66

Mencke Bl...
Universitäts...
91054 Erl...
Tel.: 9131...
Fax: 09131...
mencke.erlangen@thalia.de

QUITTUNG

erin, Brigitte
eatives wissenschaftliches Schreibe...
8-3-7791-1076-3   12,00

        Total: 1   12,00 EUR

        Bar: 12,00 EUR
        Zurück: 0,00 EUR

etrag enthält 0,78 EUR MwSt
7,00% =   0,78
Steuernummer 821/...
St-Idnr.: DE 81.277.64
0.0...2018 09:57:00   ...2-175
                    ...bediente Sie 21

    Vielen Dank für Ihren Besuch
        Auf Wiedersehen
...kauft schon
verschickt. Zu Ihnen oder zur Abholung
    in Ihrer Thalia-Buchhandlung!

4.2.3 Serielles Schreiben, Beidhändiges Schreiben, Mit allen Sinnen schreiben

Serielles Schreiben

Zur Methode

Serielles Schreiben ist eine Form des gelenkten assoziativen Schreibens. Das serielle Moment besteht darin, dass ein Motiv, ein oder mehrere Wörter oder ein Satzteil immer wieder aufgenommen werden. Häufig wird damit gearbeitet, dass ein Satz- oder Zeilenanfang mehrmals aufgegriffen wird und damit eine sanfte suggestive Kraft entfaltet.

Zur Anwendung

Fünf Sätze werden geschrieben, z.B. über eine angenehme Erinnerung, Situation etc. Dabei wird fünf mal derselbe Satzanfang verwendet.

Mögliche Satzanfänge:

- Ich erinnere mich, (wie gerne ...)
- Ich erinnere mich, wie gut es mir gelungen ist ...
- Es macht immer wieder Spaß ...
- Es ist immer wieder spannend ...
- Trotz der Erschwernisse bin ich froh, dass ...

Ich erinnere mich gerne
an meine ersten Schreibversuche in der ersten Klasse Grundschule. Wie stolz war ich, schreiben zu lernen.
Ich erinnere mich gerne
an Lob und Anerkennung, das mir meine Lehrerin dafür gab, dass ich im Schreiben - und das hieß damals im Schönschreiben und in der Rechtschreibung - gut war.
Ich erinnere mich gerne
an das Arbeiten an meiner Diplomarbeit, wo ich zum ersten Mal eigenständig und produktiv wissenschaftlich gearbeitet und das Schreiben genossen habe.
Ich erinnere mich gerne
an das genüssliche Feilen an Formulierungen.
Ich erinnere mich gerne an meine erste Berührung mit dem Kreativen Schreiben.[5]

Beidhändiges Schreiben

Ein Text wird zur Hälfte mit der rechten Hand, zur Hälfte mit der linken Hand geschrieben. Das Schreiben mit der linken Hand bringt dreierlei mit sich:

1. Eine Verlangsamung: Bilder und Ideen kommen schneller als wir schreiben können. Deshalb ist Linksschreiben auch eine gute Methode gegen Schreibblockaden!

---

5 Vgl. Fußnote 3.

2. Ansprechen der kindlichen Seite: Wir schreiben langsam und unbeholfen und versetzen uns leichter in unser Kind-Ich zurück.

3. Die rechte Hirnhälfte wird aktiviert: Innere Bilder strömen.

Memo-Form: Die Quintessenz der linkshändig und rechtshändig geschriebenen Texte kann dann in je einem Satz ausgedrückt werden.

Mit allen Sinnen schreiben
Eine angenehme Situation, ein Ort der Ruhe (z.B. Urlaub) wird - eventuell gelenkt durch eine Phantasiereise, der eine kurze Entspannungsübung vorausgeht - mit allen Sinnen erspürt. Dann werden mit Hilfe unten stehender Tabelle die ersten Assoziationen gesammelt. Daraus entsteht ein Text.

5 Sinne	*Assoziation*
sehen	Meer, blau
hören	Wellenrauschen, Vögel
riechen	Salzgeruch
fühlen	Sand auf der Haut
schmecken	Salz auf der Zunge
was sonst?	....

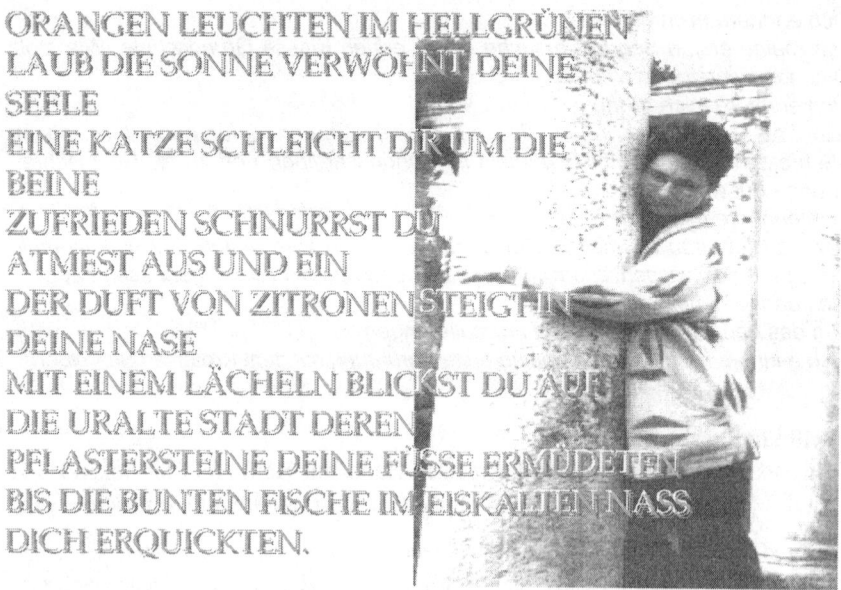

ORANGEN LEUCHTEN IM HELLGRÜNEN
LAUB DIE SONNE VERWÖHNT DEINE
SEELE
EINE KATZE SCHLEICHT DIR UM DIE
BEINE
ZUFRIEDEN SCHNURRST DU
ATMEST AUS UND EIN
DER DUFT VON ZITRONEN STEIGT IN
DEINE NASE
MIT EINEM LÄCHELN BLICKST DU AUF
DIE URALTE STADT DEREN
PFLASTERSTEINE DEINE FÜSSE ERMÜDETEN
BIS DIE BUNTEN FISCHE IM EISKALTEN NASS
DICH ERQUICKTEN.

Cordula Karich
KommJournal 2000

Gefühlsgedicht mit allen Sinnen

Gefühle, für die uns oftmals die Worte fehlen, werden sinnlich erfassbar und damit kommunizierbar, wenn wir unterschiedliche Erlebnisqualitäten in Form von Bildern berücksichtigen:

- Farbe
- Geschmack
- Geruch
- Aussehen
- Form
- Ton, Klang
- Sonstige Erlebnisqualität

Freude

Freude *kleckst übermütig mit allen Farben herum*
Freude *saugt aufgedreht kühle Morgenluft ein*
Freude *beißt krachend in reife Äpfel*
Freude *streckt sich wie der unrasierte Greis in einer Frühlingswiese*
Freude *schrammelt auf der Gitarre und findet jede Menge Melodien dabei*
Freude *stürzt nichtmüdewerdend auf die Berge - schaut nach Atem ringend in die greifbare Weite.*

Thomas Faulhaber[6]

4.2.4   Clustering: Assoziieren - ‚Ideennetze' knüpfen - Schreiben

Zur Methode

Das Clustering ist ein nichtlineares Brainstorming-Verfahren, eng verwandt der freien Assoziation. Es wurde von Gabriele L. Rico in den 70er Jahren in den USA entwickelt und ist heute die am weitesten verbreitete kreative Schreibmethode, die auch im wissenschaftlichen Kontext fruchtbar gemacht wurde (vgl. von Werder 1995a, S. 32). Das Clustering (eingedeutscht „Clustern") dient dazu, Einfälle und Assoziationen zu einem bestimmten Begriff oder Thema stichwortartig zu sammeln und sie auf dem Papier so anzuordnen, wie sie sich spontan einstellen: in Assoziationsketten oder büschelartig um einen Begriff herum gruppiert. Dabei kommen innere Zusammenhänge und Ideenverknüpfungen bildhaft zum Ausdruck, auch eine erste Ordnung und Struktur im scheinbaren Durcheinander des Ideenflusses deutet sich oft an. So kann das Clustern, das von seiner Erfinderin auch als ein Knüpfen von „Ideennetzen" bezeichnet wird, neue Perspektiven eröffnen, erste Orientierung und Impulse geben und zum Ausgangspunkt für das Schreiben werden. Für Rico ist das Clustern „der entscheidende erste Schritt, der uns hilft, unser logisches, auf

---

6 Kreatives Schreiben und Selbsterfahrung, SS 1999. Leitung: Ulrike Haase

Ordnung bedachtes begriffliches Denken zu umgehen und mit der Welt der Tagträume, des ziellosen Denkens, der im Gedächtnis aufbewahrten Ereignisse, Bilder und Gefühle in Berührung zu kommen" (Rico 1984, S. 27). Clustern wird von Rico auch als eine Art „Zauberschlüssel" bezeichnet, mit dem sich „verborgene Schätze der Einbildungskraft" (Rico 1984, S. 27) erschließen können.

Zur Anwendung

– Das Clustern ist eine inzwischen auch im wissenschaftlichen Kontext bewährte Schreibstarttechnik. Es eignet sich zum Finden und Formulieren erster Textideen und zur Annäherung an ein neues Thema. Auch in ein altes, „eingefahrenes" Thema kann das Clustern neue Perspektiven bringen. Wenn Sie mit der Methode noch nicht vertraut sind, gehen Sie zunächst von Themen aus, zu denen Sie wirklich Zugang haben.

– Das Clustern eignet sich dazu, neue, spielerische Schreiberfahrungen zu machen, originelle Schreibideen zu entwickeln und Freude am Schreiben zu gewinnen bzw. aufzubauen. Das Verfahren setzt Offenheit für Unbekanntes voraus, das Sich-Einlassen-Können auf scheinbare Ziellosigkeit und Chaos. Beim Clustern können Sie einfach mit dem Schreiben beginnen, auch wenn Sie noch nicht genau wissen, was, worüber und wie Sie schreiben. Einfach anfangen. So löst sich so manche Schreibblockade auf!

– Das Clustern kann helfen, die Kluft zwischen Alltagssprache und persönlichem Ausdrucksbedürfnis auf der einen Seite und der wissenschaftlichen Sprache auf der anderen Seite zu überbrücken. Anfangs empfiehlt es sich deshalb, nicht von allzu abstrakten wissenschaftlichen Begriffen auszugehen. Bei ersten Versuchen sollten Sie von einem Wort aus Ihrem persönlichen Erfahrungshorizont ausgehen, wie zum Beispiel „ängstlich", „Hilfe", „Studium", „Tagesschau" oder „erste Liebe". Auch wenn Sie später von wissenschaftlichen Begriffen ausgehen, erleichtert die Clustermethode das Beibehalten einer eigenen Sprache, die deshalb natürlich nicht völlig frei von wissenschaftlichen Begriffen sein muss.

Wie wird's gemacht?

Es ist wichtig, beim Clustern für ca. 10 Minuten möglichst ungestört zu sein und einen ruhigen Platz zum Schreiben zu haben.

1. Schreiben Sie das Kernwort, z.B. „ängstlich" in das obere Drittel eines weißen Blattes (so bleiben die unteren zwei Drittel für den Text) oder in die Mitte eines Blattes (dann entsteht der Text auf einem gesonderten Blatt). Umkreisen Sie dann das Wort.

2. Versuchen Sie eine entspannte, meditative, spielerische Haltung einzunehmen; machen Sie es sich bequem, lassen Sie sich gehen und Ihren Gedanken freien Lauf. Was kommt Ihnen in den Sinn, wenn Sie an das Wort „ängstlich" denken? Bewerten Sie Ihre Ideen nicht, wählen Sie nicht aus. Schrei-

ben Sie einfach zügig Assoziation um Assoziation nieder. Lassen Sie die Stichworte, die Sie notieren, vom Kernwort ungehindert in alle Richtungen ausstrahlen, wie es sich gerade ergibt, und ziehen Sie um jedes Wort einen Kreis. Verbinden Sie jedes neue Wort durch einen Strich oder Pfeil mit dem vorigen Kreis. Wenn Ihnen etwas Neues oder Andersartiges einfällt, verbinden Sie es direkt mit dem Kern und gehen von dort nach außen, bis diese aufeinander folgenden Assoziationen erschöpft sind. Dann beginnen Sie mit der nächsten Ideenkette wieder beim Kern. Notieren Sie alle Ihre Einfälle, ohne lange zu überlegen und ohne zu analysieren. Folgen Sie dem Strom der Gedankenverbindungen, die auftauchen, knüpfen Sie das Ideennetz, das Ihnen Ihr bildhaftes Denken diktiert. Das fällt Ihnen anfangs vielleicht schwer: Ihr logisches, begriffliches Denken wird sich immer wieder vordrängen und das scheinbare Chaos zu bewältigen suchen. Versenken Sie sich für drei bis vier Minuten ganz in Ihren kreativen Prozess, lassen Sie Ihr Ideen-Geflecht in aller Ruhe spontan auf dem Papier entstehen. Wenn der Ideenfluss ins Stocken gerät, „duseln" Sie ein wenig, indem Sie beispielsweise an dem bisher geknüpften Netz Pfeile oder neue Verbindungslinien anbringen oder die Kreise nachziehen. Bedenken Sie: Beim Clustern ist alles erlaubt, es gibt kein „Richtig" und „Falsch". Das Cluster ist „die Kurzschrift Ihres bildlichen Denkens" (Rico 1984, S. 35), das Sie durchaus gezielt führt. Vertrauen Sie ihm einfach.

3. Nach ein paar Minuten werden Sie merken, dass Sie schon eine Menge Stoff zum Schreiben gesammelt haben. Allmählich oder auch ganz plötzlich wird sich dann eine bestimmte Schreibidee einstellen. Sie verspüren vielleicht einen starken Schreibimpuls und hören spätestens in diesem Moment mit dem Clustern auf.

4. Jetzt können Sie mit dem Schreiben beginnen. Lassen Sie das Cluster auf sich wirken. Irgendein Element daraus wird Sie zu einem ersten Satz anregen. Er stellt sich vielleicht wie von selbst ein. Schreiben Sie dann drei bis acht Minuten lang an Ihrem Text. Er sollte ca. eine halbe Seite lang sein. Beim Schreiben pendeln Sie zwischen Ihrem Ideennetz, Ihrem bildhaften Denken und dem jetzt wieder einsetzenden begrifflichen, ordnenden, analytischen Denken hin und her. Dabei verwenden Sie aus Ihrem Cluster nur die Bestandteile, die sich in Ihr Konzept einfügen, die in den Zusammenhang passen und für Sie einen Sinn ergeben. Den Rest lassen Sie unberücksichtigt.

5. Sie können der inneren Geschlossenheit des entstehenden Textes durch einen kleinen Trick nachhelfen, indem Sie Beginn und Ende Ihres Textes ineinander verschlingen: Greifen Sie ein wichtiges Wort, eine Wendung, einen wichtigen Gedanken oder ein Gefühl, das in den ersten ein oder zwei Zeilen Ihres Textes enthalten ist, am Schluss wieder auf.

6. Lesen Sie sich nun Ihren Text durch oder lesen Sie ihn sich selbst laut vor. Dabei entsteht sicher der Impuls, Korrekturen vorzunehmen. Wenden Sie

dafür ein bis drei Minuten auf, eventuell auch etwas länger. Eben so lange, bis Sie zufrieden sind, bis alles für Sie stimmig ist.

Abb. 1: Beispiel für ein Cluster aus: Rico 1984, S. 29.

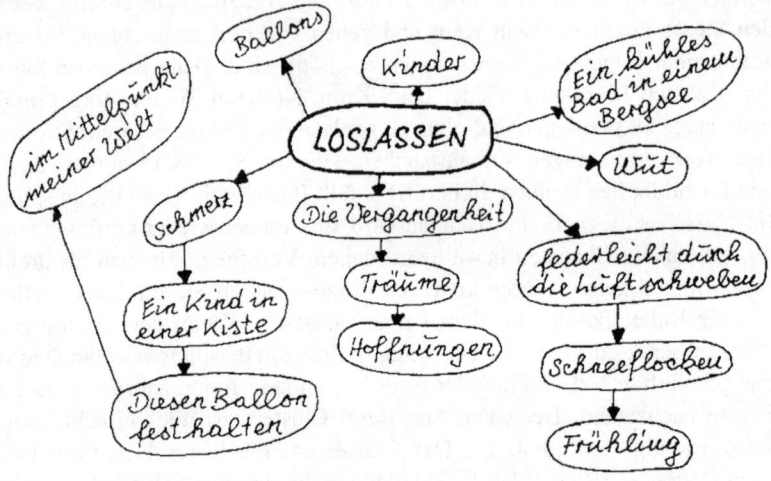

Aus diesem Cluster entstand dann ein Schreibimpuls, der zu folgendem Text verarbeitet wurde:

Das Loslassen der eigenen Kinder geschieht im Laufe von Jahren, Zentimeter für Zentimeter, sodass die letzten Millimeter, wenn es dann endgültig so weit ist, nicht mehr schwer fallen. Das Loslassen von Wut ist ein gewaltiges Zurückprallen vor der Heftigkeit meiner Gefühle; es hebt mich, schwerelos, in die Luft, wiegt mich sanft wie eine einzelne Feder, wirbelt mich herum wie Blütenblätter im Frühling, lässt mich behutsam wie eine Schneeflocke niedersinken. Das Loslassen vergangener Träume und Hoffnungen kostet mehr Kraft, aber ich bringe es fertig, und sobald ich einmal den Sprung ins eiskalte Wasser gewagt habe, gibt es nichts Belebenderes, nichts, was dem Erlebnis gleicht, vom Ufer weg in tieferes Wasser vorzudringen, sich langsam auf den Rücken zu drehen und Berge und gewölbten Himmel im schrägen Sonnenlicht vor sich zu sehen. Doch das Loslassen von Schmerz zeigt mir mein eigenes Spiegelbild. Ich sehe Schmerz und erblicke mich selbst als Dreijährige, zusammengekauert, die Knie hochgezogen, in einem Kämmerchen sitzen, mit finsterem Gesicht, die Brauen wie eine tiefe Zornesfurche das Gesicht zerschneidend. Wenn ich Schmerz fühle, wende ich mich diesem Kind zu, um es zu halten und zu trösten. Doch es ist unersättlich, untröstlich, und all mein Festhalten nützt nichts. Das Kind ist die Bitterkeit im Mittelpunkt meiner Welt

Sheila Sapir
aus: Rico 1984, S. 29 f.

Verdichten von Clustertexten
Genau wie Free-Writing-Texte können auch Clustertexte zu Prosaskizzen oder
Gedichten verdichtet werden. Siehe dazu oben unter "Free-Writing-Texte ver-
dichten".

4.2.5 Brainstorming:
Assoziationsmethode zum Sammeln von Einfällen

Zur Methode
Das Brainstorming ist die bekannteste Methode der freien Assoziation und eignet sich insbesondere zum Sammeln von Einfällen zu einem Begriff oder Thema. Beim Schreiben von wissenschaftlichen Texten wird das Brainstorming
deshalb vorzugsweise in der Phase der Ideensammlung und Entwicklung eines
groben Schreibkonzepts angewandt.

Zur Durchführung
Legen Sie sich eine Liste aller Einfälle (Wörter, Sätze) an, die Ihnen zu einem
bestimmten Thema einfallen. Üben Sie keine Kritik, keine Zensur; jedes Wort,
jeder Satz ist willkommen. Die Liste sollte in fünf bis zehn Minuten stehen; sie
kann so umfangreich sein, wie es Ihnen nötig erscheint. Wenn Ihnen die Liste
auf den ersten Blick nicht gefällt, schreiben Sie eine neue Liste.

Gehen Sie diese dann nach folgenden Kriterien durch:

– Was überrascht Sie? (mit Ausrufungszeichen markieren)

– Wo gibt es zwischen verschiedenen Aussagen der Liste Zusammenhänge?
  (mit Pfeilen markieren)

Je öfter Sie die Liste durchgehen (dabei kann noch ergänzt werden), umso mehr
Einfälle, Überraschungen und Zusammenhänge werden Sie entdecken und damit Material für die Bearbeitung Ihres Themas.

Varianten für die Gruppenarbeit
– Methode 635
  Zuerst Brainstorming in Einzelarbeit. Dann erhalten jeweils sechs Teilneh-
  merInnen die Texte von anderen 6 TeilnehmerInnen und ergänzen in diesen
  Texten drei Wörter (oder Sätze) in fünf Minuten.

– Brainwriting-Pool
  Jeder/Jede erhält zu einem vorgegebenen Thema eine kurze Liste von Wörtern und Sätzen und fügt neue Wörter /Sätze hinzu. Dann werden die Listen
  in den Pool gelegt, eine andere Liste wird entnommen und ergänzt. Diese
  wird dann wieder in den Pool gelegt, eine andere wird entnommen. Aus dieser kann ein Text entstehen.

4.2.6 Mindmapping:
Kernaussagen sammeln, strukturieren, visualisieren

Zur Methode

Das Mindmapping ist ein graphisches Ordnungs- und Strukturierungsverfahren, das - ähnlich wie das Clustern - sprachliches und bildhaftes Denken zusammenbringt. Es wurde von Tony Buzan (vgl. Buzan 1984; Buzan & Buzan 1997) in den 70er Jahren erfunden. Im wissenschaftlichen Zusammenhang wird es am häufigsten bei der Gliederungsarbeit angewandt, und zwar sowohl zum Gliedern und Strukturieren (einer größeren Menge) von angesammelten Gedanken und Informationen zu einem bestimmten Thema als auch zum Strukturieren und Gliedern eines gelesenen Textes. Darüber hinaus wird das Mindmapping beim Ausformulieren und Überarbeiten von Texten erfolgreich eingesetzt.

Zur Anwendung

Beim Mindmapping wird, wie beim Clustering, damit begonnen, dass in die Mitte eines leeren Blattes ein Begriff geschrieben wird. Dieser kann z.B. für ein bestimmtes Thema stehen, über das man einen Text schreiben möchte. Der Begriff, von dem ausgegangen wird (das Kernwort), wird eingekreist; dann werden Einfälle dazu im Uhrzeigersinn nach außen strahlend angeordnet. Sie bilden die "Hauptäste" des Mind Map, die sich weiter verzweigen können in "Nebenäste", die das Thema weiter auffächern und konkretisieren.

Das Mini-Mind-Map stellt eine Vorform des Mind Map dar. Dabei wird von einem Begriff ausgegangen, der in die Mitte eines Blattes geschrieben wird. Dann werden zügig auf zehn Linien, die vom Kernwort ausstrahlen, die ersten zehn Assoziationen, die sich einstellen, in je einem Schlüsselwort in Druckbuchstaben platziert. Dabei sollten keine Denkpausen eingelegt werden, sondern spontan alles notiert werden, auch wenn es scheinbar keinen Sinn macht. Diese kleine Übung dauert nur eine Minute.

Abb. 2: aus: Buzan & Buzan 1997, S. 65

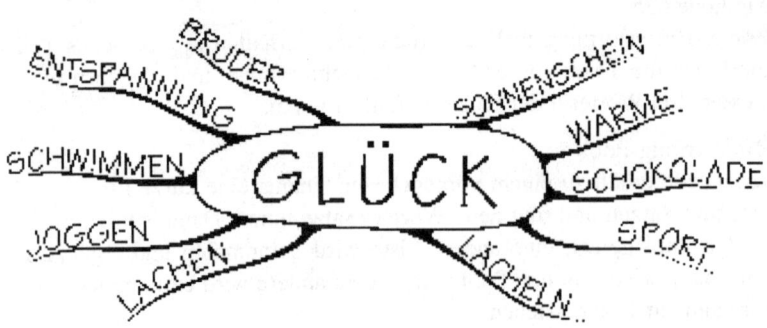

Das Mind Map lässt sich - im Gegensatz zum Cluster - auch für differenzierte Themeneinblicke benutzen, wenn es als systematisches Mind Map angelegt wird.

Das Thema wird in der Mitte eines Blattes notiert, und die Schwerpunkte des Themas werden dann im Uhrzeigersinn um das Thema herum angeordnet (Hauptäste). Davon gehen Zweige ab, die sich ihrerseits weiter verzweigen können. Die Zweige tragen jeweils Schlüsselwörter, die zum Thema gehören. Während die Hauptäste die Hauptstichworte auf relativ abstrakter, verallgemeinernder Ebene umfassen, sollen die Nebenäste die Konkretionen zu den Hauptstichwörtern sammeln. Der Aufbau des Themas wird dadurch sichergestellt. Das Mind Map enthält in der Regel nur Stichwörter, vorzugsweise Substantive. Ehe ein klares und übersichtliches Mind Map entsteht, gibt es meistens Vorstufen.

Abb. 3:

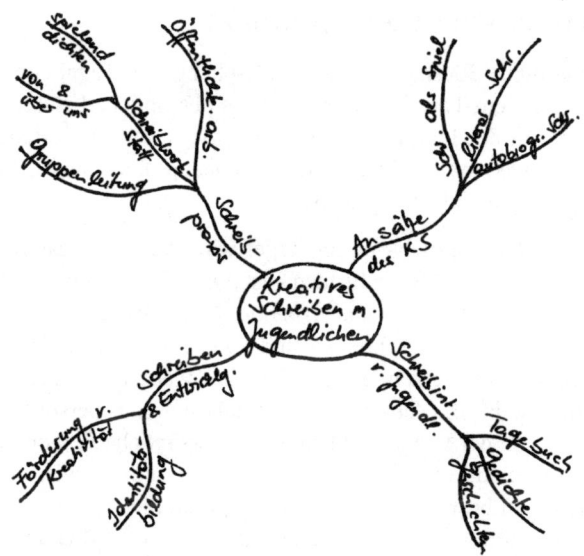

Nach Buzan können folgende *Vorteile der Methode* festgehalten werden:

1. Die Zentral- oder Hauptidee wird deutlicher herausgestellt.

2. Die relative Deutung jeder Idee tritt sinnfälliger in Erscheinung. Wichtigere Ideen befinden sich in der Nähe des Zentrums, weniger wichtige in den Randzonen.

3. Die Verknüpfungen zwischen den Schlüsselbegriffen werden durch ihre Linienverbindungen leicht erkennbar.

4. Als Ergebnis werden Erinnerungsprozess und Wiederholungstechnik effektiver und schneller.

5. Die Art der Struktur erlaubt es, neue Informationen leicht unterzubringen - ohne die Übersichtlichkeit störende Streichungen und eingezwängte Nachträge.

6. Jedes Kartenbild ist von jedem anderen nach Form und Inhalt deutlich unterschieden. Das ist für die Erinnerung hilfreich.

7. Im kreativen Bereich des Aufzeichnens, etwa bei der Vorbereitung von Aufsätzen und Reden, erleichtert es das nach allen Seiten offene Kartenschema, neue Ideenverknüpfungen herzustellen (Buzan 1984, zitiert nach von Werder 1996, S. 83).

Es gibt auch eine *Computersoftware*, mit der man die verschiedenartigsten bebilderten Mind Maps in allen Größen und Farben anfertigen kann: Mind Manager.

4.3 Das wissenschaftliche Journal

Das wissenschaftliche Journal stellt eine Mischung aus Tagebuch und Notizbuch dar. Wie in einem Tagebuch werden darin persönliche Erlebnisse, Gedanken, Gefühle etc. in der Ichform festgehalten; wie in einem Notizbuch werden die im jeweiligen wissenschaftlichen Zusammenhang nützlichen Informationen, Ideen, Skizzen, Fragmente, etc. festgehalten.

Das wissenschaftliche Journal - in der Regel wird dafür ein festeres Heft oder gebundenes (unbedrucktes) Buch benutzt - ist *ein äußerst wichtiges Requisit für das wissenschaftliche Schreiben und Arbeiten.* Es erleichtert selbständiges wissenschaftliches Denken und Schreiben und kann Studierende von Beginn des Studiums an darin unterstützen, ein persönliches wissenschaftliches Selbstverständnis zu entwickeln. Im Zentrum des Journals steht das persönliche Erleben, die persönliche Sicht der Dinge und Probleme, persönliche Fragen und Zielstellungen zu wissenschaftlichen Themen. Man kann seinem wissenschaftlichen Journal, das man am besten immer bei sich trägt, ähnlich wie einem Tagebuch, alles anvertrauen, was einen gerade bewegt: z.B. neue Erkenntnisse, überraschende Erfahrungen oder erste verworrene Gedanken. Oft dient das Journal dazu, Erfahrungen, Gedanken und Gefühle zu sortieren.

> Über eine gewisse Zeit geführt, deckt das Journal ein Stück des Prozesses der eigenen Selbstentwicklung auf. Es macht auch deutlich, wo sich eigene Positionen veränderten, wo die eigenen Gedanken sich erneuerten und alte Ideen revidiert werden mussten. Das Journal wird so zum Zentrum wissenschaftlich reflektierter Persönlichkeitsentwicklung und systematischen Selbststudiums. (von Werder 1995a, S. 20)

Am besten ist es, wenn im Journal die Sprache verwendet wird, die dem momentanen persönlichen Reflexions- und Sprachniveau des / der Schreibenden entspricht und die dem persönlichen Geschmack und Ausdrucksbedürfnis entgegenkommt.

Wichtig ist, dass die Einträge in das Journal so oft und so regelmäßig wie möglich erfolgen.

> Beginnen Sie am besten gleich heute noch damit, ein wissenschaftliches Journal zu führen!!!
>
> Die eine richtige Art, ein wissenschaftliches Journal zu führen, gibt es nicht.

In vielen Fällen kann es sinnvoll sein, das Journal in zwei Abteilungen oder Spalten zu unterteilen:

1. Persönliches
2. Wissenschaft.

Weitere Untergliederungen können sein:

- Fragen, auf die eine Antwort gesucht wird
- Textfragmente, die nach Ausdruck suchen
- Beispiele
- Titel für mögliche Texte
- Notizen über mögliche Themen und Inhalte
- Notizen aus Vorlesungen, Vorträgen, Gesprächen
- Gliederungen
- Ideen für Geschichten, Artikel, Gedichte, Bücher, Papiere
- Diagramme, die Zusammenhänge zwischen Objekten oder Ideen zeigen
- Eindrücke und Beobachtungen
- Wichtige Ereignisse oder Augenblicke
- Erinnerungen
- Lesefrüchte
- Arbeitshypothesen
- Skizzen
- Zitate
- Quellen
- Zeitungsausschnitte
- Titel von Büchern, die man lesen könnte oder sollte
- Aufgaben, die zu erledigen sind
- Zeitpläne
- Briefe, die zu schreiben sind
- Listen aller Art.

Ein wissenschaftliches Journal kann in allen Phasen der wissenschaftlichen Ausbildung sehr nützlich sein. *Zu Beginn des Studiums* kann es helfen, die Informationsflut, die alle StudienanfängerInnen beim Einstieg in die akademische Welt geradezu überrollt, besser zu bewältigen. Mit Hilfe des Journals können Studierende ihre persönlichen Interessen und Präferenzen herausfinden. Dafür ist es sinnvoll, zunächst alles, was neu und unbekannt ist (Fremdwörter, unbekannte Theorien, Namen, Zusammenhänge), im Journal festzuhalten. Bei Gelegenheit kann dann nachgefragt oder nachgeschlagen werden.

Im weiteren Verlauf des Studiums kann das wissenschaftliche Journal dazu beitragen, die wissenschaftliche Reflexion zu vertiefen, eigene Erkenntnisinteressen herauszufinden, eigene Positionen zu formulieren. Auch bei der Auseinandersetzung mit Zweifeln an der eigenen wissenschaftlichen Kompetenz, im Fall von Unsicherheiten und Ängsten kann das Journal zu einem wichtigen "Partner" werden.

In der Phase der Vorbereitung der *Diplomarbeit* ist ein wissenschaftliches Journal geradezu unentbehrlich. In dieser Zeit kann das Journal dabei helfen, verschiedene Themen zu sondieren und ein geeignetes Thema zu finden. Während der Abschlussarbeit hat das wissenschaftliche Journal vor allem die Funktion, alle Ideen zur Arbeit aufzufangen, die ja oft gerade dann am reichlichsten fließen, wenn man fernab von Schreibmaschine oder Computer ist.

Lust bekommen auf mehr?
Weitere Anregungen und Hintergründe zum Kreativen Schreiben finden Sie in:

📖 Bösecke, Harry & Land, Ulrich. (1989). *Worte im Aufwind. 100 Schreibspiele und Schreibaktionen.* Remscheid: Bundesvereinigung Kulturelle Jugendbildung.

📖 Brenner, Gerd. (1994). *Kreatives Schreiben. Ein Leitfaden für die Praxis.*(2. Aufl.) Frankfurt / Main: Cornelson Scriptor.

📖 Rico, Gabriele. (1984). *Garantiert schreiben lernen. Sprachliche Kreativität methodisch entwickeln - ein Intensivkurs auf der Grundlage der modernen Gehirnforschung.* Reinbek: Rowohlt.

📖 Schulte-Steinicke, Barbara. (1997). *Autogenes Training und Kreatives Schreiben.* Berlin: Schibri-Verl.

📖 Vopel, Klaus W. (1998a). *Schreibwerkstatt. Eine Anleitung zum kreativen Schreiben für Schüler, Lehrer und Autoren. Band 1.* 2. vollst. überarb. Neuauflage. Salzhausen: iskopress.

📖 Vopel, Klaus W. (1998b). *Schreibwerkstatt. Eine Anleitung zum kreativen Schreiben für Schüler, Lehrer und Autoren. Band 2.* 2. vollst. überarb. Neuauflage. Salzhausen: iskopress.

📖 Werder, Lutz von. (1996). *Lehrbuch des kreativen Schreibens.* 3. Aufl. Berlin; Milow: Schibri-Verlag. (1. Aufl. 1990)

Außerdem gibt es interessante Internetadressen zum Thema Kreatives Schreiben.

Hier können Sie an einer virtuellen Schreibwerkstatt teilnehmen:
http.//www.fiction-writing.de
(25.06.03)

Unter dieser Adresse finden Sie einen Online-Workshop „Kreatives Schreiben für Alltag und Beruf":
http://www.zeitzuleben.de/workshops/ks/
(25.06.03)

5. Grundlagen der wissenschaftlichen Textproduktion

5.1 Was ist „wissenschaftliches Schreiben"? - Grundregeln wissenschaftlichen Schreibens

Während des Studiums müssen Studierende in der Regel unterschiedliche wissenschaftliche Texte produzieren: z.B. Hausarbeiten, Thesenblätter oder Berichte. Wissenschaftliche Texte unterscheiden sich in mehrfacher Hinsicht von alltäglichen oder literarischen Texten; sie unterliegen eigenen sprachlichen und formalen Konventionen. Beim Erlernen des wissenschaftlichen Schreibens geht es trotzdem nicht nur um die Aneignung bestimmter Regeln und Techniken, sondern auch darum, das wissenschaftliche Schreiben als eine tragende Säule eines umfassenden und systematischen Lern- und Erkenntnisprozesses, der im Rahmen jedes Studiums durchlaufen wird, zu erfahren.

Da wissenschaftliches Schreiben eng mit wissenschaftlichem Arbeiten verbunden ist, sollte zunächst überlegt werden, was unter „Wissenschaft" bzw. „wissenschaftlichem Arbeiten", und „wissenschaftlichem Schreiben" verstanden werden kann. Wenn ich unter Wissenschaft mit Bünting, Bitterlich & Pospiech (1996, S. 14) ein „geordnetes, folgerichtig aufgebautes Gebiet von Erkenntnissen" verstehe, bedeutet wissenschaftlich schreiben zunächst „verständlich, geordnet, folgerichtig und nachvollziehbar schreiben", und zwar zum einen in Bezug auf sprachlichen Ausdruck, zum anderen in Bezug auf die „Anordnung und Absicherung von eigenen Thesen und fremden Positionen". Dieselben Autoren geben Studierenden zunächst folgende Definition von wissenschaftlichem Arbeiten:

> Indem Sie Ihr Thema wählen, kennen lernen, begrenzen, bearbeiten, aus Ihrer Perspektive und - wo dienlich - der anderer beleuchten, Ihre Position schrittweise entwickeln, begründen und mit denen anderer vergleichen, zitierte Gedanken und Quellen belegen, arbeiten Sie wissenschaftlich. (Büntig, Bitterlich & Pospiech 1996, S.17)

Für Kruse (1997) beginnen „*Wissenschaft und wissenschaftliches Denken (...) dort, wo ich bereit bin, meinem eigenen Denken zu trauen, es zu explizieren, auf die Meinungen anderer zu beziehen und (meine) Resultate in den wissenschaftlichen Diskurs einzubringen*" (S. 72; Hervorheb. im Original). Oder anders formuliert: „Wissenschaft erfordert den Mut, selbständig zu denken, dem eigenen Denken zu trauen, sich auf vorhandene Wissenschaft zu beziehen und

sich auf eine Kommunikation mit der ,scientific community' einzulassen"
(Kruse 1997, S. 73).

Für Sesink (1994) kann von wissenschaftlichem Arbeiten dann gesprochen
werden, wenn Studierende in der Lage sind,

- auf der Grundlage wissenschaftlicher Erkenntnisse und des Standes der wissenschaftlichen Diskussion in ihrem Fachgebiet und
- in Auseinandersetzung mit den wissenschaftlichen Auffassungen anderer
- sich ihre eigenen Gedanken zu machen und
- diese in einer für andere verständlichen Form darzustellen (Sesink 1994, S. 9).

Bedeutsam für die Wissenschaft können allerdings nur diejenigen eigenen Gedanken werden,

> die in sich einen *Objektivierungsanspruch* tragen, also eine Geltung bean-
> spruchen, welche die Innenwelt des Individuums übersteigt. Dazu müssen
> sie auf ihren Realitätsgehalt geprüft und der Diskussion ausgesetzt werden
> (...) Ein Wissenschaftler unterscheidet sich von einem normalen selbständig
> denkenden Menschen nur darin, dass er seine eigenen Gedanken systema-
> tisch auf ihre objektive Geltung überprüft, also zu Erfahrungsgehalten und
> den Gedanken anderer in Beziehung setzt und mit ihnen konfrontiert. Er
> macht sich also nicht nur seine eigenen Gedanken, sondern auch die Erfah-
> rungen und Gedanken anderer zu Eigen. Er vollzieht sie nach und prüft, wel-
> che Bedeutung sie für seine eigenen Gedanken haben. Dies würde ich indi-
> viduelle Theoriebildung nennen. Und er versucht, anderen seine Gedanken
> zu übereignen und so seinen Anteil zu leisten zur kulturellen Bildung einer
> Gesellschaft. (Sesink 1994, S. 10)

Die bloße Reproduktion von empirischen Daten oder Gedanken anderer Wissenschaftler ist demnach noch keine Wissenschaft; auch eine originelle Idee,
die man anderen nicht mitteilen kann, ist noch keine wissenschaftliche Leistung.

Andererseits sind Mut, Originalität und schöpferisches Denken unerlässliche
Voraussetzungen für wissenschaftliches Arbeiten:

> Eine neue Theorie oder ein neues Themengebiet zu erkunden, erfordert etwa
> ebenso viel Mut, wie auf Reisen ein fremdes Land selbständig zu erschlie-
> ßen. Wie dort muss man bereit sein, sich mit Neuem, Überraschendem,
> Fremdem zu konfrontieren und den Boden des Bekannten zu verlassen. Be-
> schränkt man sich darauf, vorhandene Bücher nachzuvollziehen, dann bleibt
> man wissenschaftlicher Pauschaltourist. Erst wenn man den Mut findet, Er-
> kundigungen auf eigene Faust anzustellen, beginnt man, wissenschaftlich zu
> handeln. (Kruse 1997, S. 73)

Eine Tatsache sei hier noch erwähnt, die gerade Studienanfängerinnen und
-anfängern die manchmal entmutigende Ehrfurcht vor der Wissenschaft ein
wenig nehmen kann: *„Es gibt nicht die 'richtige' Wissenschaft.* Wissenschaft

lebt aus ihrer Vielfalt, ihren Kontroversen und aus ihren kleineren und größeren Revolutionen, die vorhandene Ansätze ungültig machen und neue ins Spiel bringen" (Kruse 1997, S. 73; Hervorheb. B. P.). Wissenschaft kann sehr unterschiedlich betrieben werden, und sie ist heute von methodischem Pluralismus geprägt.

Neben empirischem Hypothesentesten kann wissenschaftliches Handeln im Diskutieren, Systematisieren, Beschreiben, Protokollieren, Begründen, Datensammeln, Dokumentieren, Definieren, Ausprobieren, Reflektieren, Erfinden, Rätsellösen, Rechtfertigen, Vergleichen, Recherchieren, Interpretieren, Modellbilden, Analysieren, Anleiten, Evaluieren, Streiten, Praxismodelle entwickeln und einigem mehr bestehen. Jede dieser Handlungen hat ihre eigene Logik und erfordert eine eigene Begründung. (Kruse 1997, S. 74)

Daraus ergibt sich auch, dass sich die Konventionen für das wissenschaftliche Schreiben - je nach Fachgebiet, Erkenntnisinteresse, methodischem Vorgehen, Kontext und Textsorte - durchaus voneinander unterscheiden können. Dennoch gibt es allgemeine Richtlinien für wissenschaftliches Schreiben (s. unten), die beachtet werden müssen.

Trotz der notwendigen Orientierung an allgemeinen Richtlinien und dem Anspruch wissenschaftlicher Objektivität sollte nicht übersehen werden, dass wissenschaftliche Texte immer auch individuelle Texte sind: Sie sind durch die Person des /der Schreibenden, durch die von ihm /ihr getroffene Auswahl sowie durch die Anordnung des Stoffes geprägt. Und das sollte auch nicht kaschiert oder geleugnet werden. Die Gedanken, Kommentare und Gegenüberstellungen des / der Schreibenden prägen den Text, geben ihm eine bestimmte individuelle Note. Und das ist auch gut so. Es ist nicht notwendig, sich selbst völlig zurückzunehmen (vgl. auch Bünting, Bitterlich & Pospiech 1996, S.16.).

Viele Studierende produzieren bei ihren ersten Versuchen wissenschaftlicher Textproduktion völlig unpersönliche und abstrakte Texte. Kruse erwähnt in diesem Zusammenhang aufschlussreiche Erfahrungen mit einer Übung, die darauf abzielt, StudienanfängerInnen Unterschiede zwischen wissenschaftlichen Texten und anderen Textarten zu verdeutlichen und Vorurteile über wissenschaftliches Schreiben aufzudecken. Es kommt bei dieser Übung (vgl. Kapitel 4, Abschnitt 4.1.2 „Drei Sprachen") darauf an, ein und dasselbe Ereignis in unterschiedlichen Sprachen festzuhalten, also z.B. in Alltagssprache, in journalistischer und in wissenschaftlicher Sprache. Kruse hat bei der Durchführung dieser Übung Folgendes beobachtet: Die wissenschaftlichen Texte der Studierenden zu einem bestimmten Ereignis sind kürzer als die journalistischen Texte oder die Tagebuchaufzeichnungen dazu. Außerdem sind die wissenschaftlichen Texte

plötzlich sehr abstrakt. Es wird nicht beschrieben, sondern analysiert (...) Drittens verschwindet das Wort ‚ich' aus den Texten. Wissenschaft ist unpersönlich, ‚ich' habe damit gar nichts zu tun. Dementsprechend werden

Passivformen verwendet. In dem Glauben, Wissenschaft müsse immer ‚objektiv' sein, eliminieren die meisten Studierenden sich selbst als Subjekte der Wissenschaft (viele Wissenschaftlerinnen und Wissenschaftler gehen da mit schlechtem Beispiel voran). Viele Studierende gleiten in eine fremde Sprache hinein, wenn sie versuchen, wissenschaftlich zu schreiben. Dadurch entfremden sie sich von ihrem eigenen Denken und natürlich auch Fühlen. (Kruse 1997, S. 71)

Trotz aller Vielfalt und Individualität gibt es einige handfeste Grundregeln wissenschaftlichen Schreibens (Kruse 1997, S. 82-84), die aber nicht dogmatisch missverstanden, also nicht immer und an jedem Text in völlig gleicher Weise angewendet werden sollten:

Belegen: Behauptungen müssen in wissenschaftlichen Texten belegt werden. Ausnahmen sind triviale Aussagen, Erläuterungen, eigene Erwägungen oder Aussagen, die sich nicht belegen lassen. Belegt wird eine Aussage durch Verweise auf Quellen, auf empirische Daten oder die Behauptungen anderer Autoren. Besonders wichtig ist es, Meinungen anderer Personen zu belegen. Hierfür können Zitate unerlässlich sein.

Paraphrasieren: Ideen und Meinungen, die anderen wissenschaftlichen Texten entnommen sind, müssen [so weit sie nicht wörtlich zitiert werden!; Anmerkung B. P.] paraphrasiert, d.h. in anderer Sprache wiedergegeben werden als im Originaltext, sonst macht man sich eines Plagiats schuldig.

Zitieren: Wörtlich wiedergegebene Textstellen müssen zitiert, d.h. in Anführungszeichen gesetzt werden. Die Herkunft des Textes muss eindeutig erkennbar sein.

Begründen: Es ist legitim, in wissenschaftlichen Arbeiten Behauptungen aufzustellen, die man nicht belegen kann. Pflicht ist in diesem Fall nur zu begründen, warum man diese Meinung vertritt. Begründet wird eine Meinung mit Argumenten. Begründungspflichtig sind in wissenschaftlichen Arbeiten u.a. die verwendete Methode, der Umfang der verwendeten Literatur und der Quellen, die Fragestellung und die Schlussfolgerungen.

Bezüge herstellen: Wissenschaftliche Aussagen müssen auf die vorhandene wissenschaftliche Literatur bezogen werden. Wie umfassend diese Bezüge sind, variiert mit den Ansprüchen an die Arbeit. In Dissertationen und Habilitationen beispielsweise wird eine umfassende Berücksichtigung der Literatur als Beurteilungskriterium verwendet. In Examensarbeiten werden in der Regel Abstriche in Bezug auf die Vollständigkeit der Literaturerfassung gemacht.

Begriffe definieren: Wissenschaftliche Darstellungen verlangen eine Definition der verwendeten Begriffe. Definieren heißt im Prinzip nicht mehr, als zu erklären, wie man Wörter verwenden will. Da Begriffe in der wissenschaftlichen Literatur uneinheitlich verwendet werden, ist damit oft auch eine Zuordnung zu einer Theorie, Schule oder einem Diskurs verbunden. Die Verwendung vieler Begriffe ist durch eine entsprechende Wahl also bereits festgelegt und muss nicht wiederholt werden. Im Allgemeinen kann man sich auf Definitionen der verwendeten Schlüsselbegriffe beschränken.

Präzisieren: Über die Definition hinaus sollten Begriffe präzisiert werden. Begriffe sind die wichtigsten Instrumente einer analytischen Untersuchung und von ihrer Genauigkeit hängt u.a. die Qualität des Ergebnisses ab.

Systematisch vorgehen: Wissenschaftliches Vorgehen bedient sich in der Regel einer nachvollziehbaren Systematik. Diese Systematik kann durch die Struktur des Gegenstandes selbst, durch den Ablauf der Argumentation, durch Notwendigkeiten der Darstellung oder durch die verwendete Methode begründet sein. Wie auch immer: Es empfiehlt sich, die Systematik des Vorgehens darzustellen und zu begründen.

Differenzieren: Von wissenschaftlichen Texten wird eine differenzierte Betrachtung erwartet. D.h. es wird erwartet, dass nicht nur eine Meinung dargestellt, sondern auch die wichtigsten Gegenmeinungen zumindest benannt werden, dass Alternativen aufgezählt werden und die Auswahl eines bestimmten Elements (einer Lösung, eines Ansatzes usw.) begründet wird.

Widersprüche eliminieren: Von wissenschaftlichen Texten wird idealiter Widerspruchsfreiheit erwartet. In den getroffenen Aussagen sollen nicht gegenteilige Meinungen oder Kontradiktionen enthalten sein.

Logisch schließen: Schließlich wird erwartet, dass Schlussfolgerungen in wissenschaftlichen Texten logisch folgerichtig sind.

Werte explizieren: Werte kann man nicht ableiten oder belegen. Werte können nicht richtig oder falsch sein. Werte kann man, genau genommen, nur setzen; sinnvoll ist dennoch, sie zu beschreiben und zu begründen. Wichtig ist vor allem, Werte nicht stillschweigend als gegeben vorauszusetzen, sondern zu explizieren.

5.2 Grundlegende Techniken wissenschaftlichen Schreibens

Wie gehe ich nun konkret vor beim wissenschaftlichen Schreiben? Wie lese ich Zeit sparend und effektiv? Wie notiere ich alles, was für ein bestimmtes Thema wichtig ist? Was muss ich beim Zitieren beachten? Auf diese und weitere Fragen antworten die folgenden Abschnitte[1].

5.2.1 Lesen und Schreiben miteinander verbinden

Am Anfang jeder wissenschaftlichen Arbeit steht die Frage danach, was andere schon zum selben Thema gesagt bzw. veröffentlicht haben. Diese Vorarbeiten müssen berücksichtigt werden; deshalb geht es zunächst darum, diese Arbeiten - oder einen bestimmten Teil davon - zu finden. Für das gezielte Auffinden von Literatur gibt es verschiedene Techniken und Strategien. Und es gibt heute auch verschiedene Zugangswege: traditionelle (z.B. über Bibliographien und

---

1 Vgl. dazu auch: Kruse 1997, , S. 93 - 97, S. 102 - 108, S. 215 - 219; Rückriem, Stary & Franck 1995, S. 143 - 196; Bünting, Bitterlich & Pospiech 1996, S. 32 - 34, S. 88 - 102; Sesink 1994, S. 26 - 36.

Bibliothekskataloge) und computergestützte (über CD-ROM-Datenbanken und Internet).

Darauf gehe ich hier nicht näher ein. Lesen Sie zum Thema *Literaturrecherche* nach bei:

📖 Engel, Stefan (2000). Recherche in CD-ROM Datenbanken. In Stefan Engel & Klaus Wilhelm Slapnicar (Hrsg.), *Die Diplomarbeit* (S. 100-120). 2. Aufl. Stuttgart: Schäfer-Poeschel Verlag.

📖 Krämer, Walter. (1999). *Wie schreibe ich eine Seminar- und Examensarbeit?* Frankfurt/M.; New York: Campus Verlag.

📖 Sesink, Werner. (1994). *Einführung in das wissenschaftliche Arbeiten ohne und mit PC.* 2., völlig überarb. und aktualisierte Aufl. München; Wien: Oldenbourg Verlag.

📖 Bünting, Karl-Dieter, Bitterlich, Axel & Pospiech, Ulrike. (2000). *Schreiben im Studium: mit Erfolg. Ein Leitfaden.* Berlin: Cornelsen Scriptor.

Nach der Literaturbeschaffung folgt die Phase des Lesens und Festhaltens des Materials. Bevor Sie sich jedoch ins Lesen stürzen, sollten Sie bedenken, dass es auch beim wissenschaftlichen Lesen unterschiedliche Herangehensweisen gibt. Nach welchen Kriterien Sie Literatur sichten und auf ihre Relevanz hin prüfen können und wie sie dann Schritt für Schritt Ihren Leseprozess effektiv organisieren können, erfahren Sie in Abschnitt 5.3: Techniken wissenschaftlichen Lesens.

Einige Texte werden Sie gründlich lesen müssen, andere werden Sie nur überfliegen oder teilweise lesen, wieder andere werden Sie lediglich zur Kenntnis nehmen. Versuchen Sie in jedem Fall, Ihre Lektüre auf die Arbeit, die Sie schreiben wollen, zu beziehen. Wenn Sie ein Buch in die Hand nehmen, überlegen Sie also zunächst einmal, was Sie von diesem Buch wissen wollen. Stellen Sie Fragen an den Text, und zwar solche Fragen, die für Ihre Arbeit von Bedeutung sein können. Lesen Sie dann den Text gezielt so lange, bis Ihre Fragen oder ein Teil Ihrer Fragen beantwortet ist.

Sie können und müssen nicht jeden Text von der ersten bis zur letzten Zeile lesen und exzerpieren. Das wäre schrecklich langweilig und schon zeitlich gar nicht zu schaffen. Also müssen Sie auswählen und selektiv lesen und exzerpieren. Das verführt allerdings zu einer problematischen Haltung des „Ausschlachtens": Oft werden Texte wie „Steinbrüche für Zitate" (Sesink 1994, S. 36) behandelt; Textteile werden nach Belieben aus ihrem Gesamtzusammenhang herausgebrochen und in neue Zusammenhänge eingebaut. Auf jeden Fall ist man spätestens dann zu weit gegangen, wenn das Zitat eines Autors sich in einer Umgebung wieder findet, die seinem Gedankenzusammenhang fremd ist oder sogar widerspricht. Selektives Lesen und Exzerpieren bedeutet also nicht, dass Sie Texte einfach nur nach brauchbaren Zitaten durchforsten, ohne sich um die Gedankenführung der Autoren zu kümmern. Es bedeutet vielmehr, dass Sie sich jeweils auf die Teile von Texten konzentrieren, die besonders relevant für Ihre Thematik sind.

Ein typischer Fehler von StudienanfängerInnen besteht darin, sich - sobald das Thema der Arbeit gefunden ist - in die Lesephase zu stürzen und einen Text nach dem Anderen zu „verschlingen". Dabei erhalten sie zwar eine Fülle von Informationen und Anregungen aus unterschiedlichen Perspektiven, verlieren aber meistens nach einiger Zeit die Orientierung, wissen nicht mehr, was sie wo gelesen haben, wie sie ihr Thema bearbeiten und eingrenzen können, was sie denn nun eigentlich wissen und schreiben wollten ...???

Um zu vermeiden, dass Sie nach einiger Zeit des Lesens orientierungslos zwischen riesigen Bücherstapeln sitzen, kommt es darauf an, dass Sie sich von Anfang an *aktiv mit der Fachliteratur auseinander setzen,* die für Ihr Thema relevant ist, indem Sie das Lesen und das Schreiben miteinander verbinden. Das können Sie mittels Ihres wissenschaftlichen Journals tun. Zusätzlich wird es in der Regel erforderlich sein, die *Lesefrüchte systematisch festzuhalten* z.B. auf Karteikarten oder in Form von Exzerpten.

Sich den Inhalt eines wissenschaftlichen Textes aneignen, sich aktiv mit ihm auseinander setzen, heißt nicht: den Text einmal lesen und wichtige Stellen markieren. Das reicht in aller Regel nicht, weil so die Argumentationsstruktur eines Textes meistens nicht zu erfassen ist. Unterstreichungen und Anmerkungen in einem Buch oder auf einer Fotokopie alleine stellen noch keine Gedankenfolge für eine eigene Arbeit dar. Wenn Sie stringente Diskussionsbeiträge liefern oder eine überzeugende schriftliche Arbeit erstellen wollen, müssen Sie zunächst die wichtigen Aussagen, Ideen und Erkenntnisse, die Sie in Büchern, Zeitschriften oder Studienskripten zu Ihrem Thema finden, schriftlich festhalten und systematisch auswerten.

Das bloße Lesen und Markieren alleine reicht auch schon deshalb nicht aus, weil die gelesenen Inhalte leider sehr schnell wieder in Vergessenheit geraten. Sie können unmöglich alles behalten, was Sie lesen, vor allem dann nicht, wenn sich die Lesephase - wie bei wissenschaftlichen Arbeiten üblich - über Wochen (Hausarbeiten) und Monate (Diplomarbeiten) oder gar Jahre (Dissertationen, Habilitationsschriften) hinzieht. Denn bereits einen Monat nach der Lektüre eines Artikels oder Buches haben Sie schätzungsweise mehr als 90 Prozent der aufgenommenen Informationen schon wieder vergessen. Es bleibt Ihnen deshalb nicht erspart, für sich selbst ein Protokoll der gelesenen Texte anzufertigen. Sonst müssen Sie die Texte später doch noch einmal lesen. *„Nichts spart so viel Zeit wie gründliches Exzerpieren"* (Kruse 1997, S. 215; Hervorheb. B. P.) *und systematisches Dokumentieren!*

Nun gibt es verschiedene Möglichkeiten, das Gelesene festzuhalten. Am gängigsten ist die Dokumentation mittels Karteikarten oder Exzerpten.

5.2.2 Festhalten des Materials: Karteikarte und Exzerpt

Die beiden gängigsten Arten von Karteikartensystemen für das Studium sind die Verfasserkartei und die Schlagwortkartei.

Verfasserkartei

Die Verfasserkartei wird alphabetisch nach den Namen der Autoren der Texte geordnet. Sie ist immer dann zweckmäßig, wenn Sie zu einem Thema eine schriftliche Arbeit (z.B. Hausarbeit, Diplomarbeit) erstellen wollen oder an einem Studienschwerpunkt z.b. im Rahmen einer Prüfungsvorbereitung arbeiten.

Folgende Angaben werden auf der Karteikarte festgehalten:

- AutorIn (Familienname, Vorname)
- Erscheinungsjahr
- Titel
- Auflage
- Erscheinungsort
- Verlag
- Fundstelle(n): Bibliothek(en), im eigenen Besitz, im Besitz eines Freundes
- gegebenenfalls angefertigte Kopien und /oder Exzerpte und deren Standort (Ordner)
- eventuell kurze Kommentare wie „Nur überflogen, wohl wenig ergiebig für Fragestellung" oder „Spannend! Unbedingt gründlich lesen".

Beispiel für eine Verfasserkarteikarte

Franck, Norbert
2001

Fit fürs Studium
2. Aufl.
Weinheim
Beltz Athenäum Verlag

Unibibl.: EC 4100 U 22
Kopie: Abschnitt „Reden" (S. 129 - 192);
Exzerpt: Abschnitt „Mythos Wissenschaft" (S. 13-28)
ganz gelesen, mit großem Interesse!
Ansprechender, auf das Wesentliche konzentrierter Ratgeber für das wissenschaftliche Schreiben, Lesen und Reden. Vor allem für Referate und Diskussionen sehr hilfreiche Tipps!!!

Schlagwortkartei

Ergänzend zur Verfasserkartei ist es meist hilfreich, eine Schlagwortkartei anzulegen. Die Schlagwortkartei verweist auf Fundstellen, die das bezeichnete Gebiet oder einen Teilaspekt zu einem Thema behandeln. Wenn es parallel dazu - was beim wissenschaftlichen Arbeiten in der Regel der Fall ist - eine Verfasserkartei gibt, kann in der Schlagwortkartei mit Minimalangaben gearbeitet werden; z.B.: AutorIn, Erscheinungsjahr, Seitenangabe. „Fit fürs Studium" von Franck wäre dann auf folgender Schlagwortkarteikarte zum Thema „Einführung in das wissenschaftliche Arbeiten" so vermerkt:

Beispiel für eine Schlagwortkarteikarte

Einführung in das wissenschaftliche Arbeiten	
Grundlagen der Textproduktion	
Sesink 1994	S. 8 - 147
Kruse 1997	S. 70 - 245
Wissenschaftliches Lesen	
Franck 2001	S. 29 - 53
von Werder 1994	
Kreatives Schreiben	
von Werder 1995	S. 9 - 78

Wenn Sie die gelesene Literatur in dieser Form - eventuell auch noch detaillierter zu bestimmten Aspekten Ihres Themas - auf Karteikarten festhalten, verfügen Sie damit über eine nützliche Hilfe bei der Erstellung einer schriftlichen Arbeit, denn Sie finden so mühelos die entscheidenden Passagen wieder, die Sie für die eigene Argumentation in Ihrer Arbeit benötigen.

In der Schlagwortkartei können Sie alle Materialien (auch Exzerpte, Seminarpapiere, Fotokopien, Zeitungsausschnitte, Videos oder CD-ROMs), die im Zusammenhang mit Ihrem Thema stehen, erfassen. Egal, ob diese in Ihrer Hochschulbibliothek, in Ihrem Bücherregal oder in irgendwelchen Ordnern oder Schubladen aufbewahrt sind.

Exzerpt

Ein Exzerpt ist die *auszugsweise Wiedergabe eines Textes* und stellt seine wesentlichen Gedanken und Inhalte präzise und knapp dar. In der Regel wird das Exzerpt unter einer bestimmten Fragestellung erstellt und braucht dann auch nicht dem Aufbau des Textes zu folgen. Es kann selbständig gegliedert werden, entsprechend der Fragestellung, von der ausgegangen wird.

Als Exzerpt werden *sowohl wörtliche als auch sinngemäß zitierte* Auszüge aus einem Text bezeichnet. In der Praxis empfiehlt sich meistens eine Mischung: Definitionen, zentrale Begriffe und Thesen sowie markante Formulierungen werden wörtlich übernommen; Überleitungen und Argumentationsketten werden sinngemäß zitiert oder zusammengefasst.

Erfahrungsgemäß fällt es leichter, relativ kurz, souverän und weitgehend mit eigenen Worten zu exzerpieren, wenn man erst nach dem Lesen damit beginnt, und zwar nach einem gründlichem Lesen und Arbeiten am Text (vgl. auch Abschnitt 5.3: Techniken wissenschaftlichen Lesens). Bevor man mit dem systematischen Exzerpieren beginnt, ist es wichtig, sich noch einmal auf die Themenstellung zu besinnen und über eine möglicherweise notwendige Themeneingrenzung (vgl. Kapitel 7, Abschnitt 7.1) nachzudenken. Daraus leitet sich dann ab, auf welche Fragen die gelesenen Texte Antwort geben und welche Textpassagen exzerpiert werden sollen.

Es empfiehlt sich, beim Exzerpieren auch festzuhalten, welche Textabschnitte man nicht oder nur teilweise gelesen hat, was man von dem Gelesenen persönlich hält und was man über seine Verwertbarkeit für die eigene Arbeit denkt. Man kann - *über das eigentliche Exzerpieren hinausgehend* - Besonderheiten des Textes notieren oder ihn theoretisch einordnen. Man kann eigene weiterführende, ergänzende oder abweichende Gedanken mitnotieren, Kritik formulieren. Reservieren Sie sich hierfür ein Symbol, eine besondere Farbe oder Formatierung, damit Sie zuverlässig zwischen Gedanken des Ursprungstextes und Ihren eigenen unterscheiden können. Was *reine Textwiedergabe* ist und was *von Ihnen hinzugefügt* wurde an eigenen, weiterführenden oder konträren Ideen, oder auch an Querverweisen und ergänzenden Informationen, *muss unterscheidbar sein!*

Gestalten Sie Ihre Kommentare so, dass Sie sie auch nach einiger Zeit noch verstehen. Mit einem Fragezeichen am Rand z.B. können Sie eine bestimmte Aussage des Autors in Frage stellen. Monate später wissen Sie aber möglicherweise nicht mehr, was genau Ihre Anfrage war.

Jede wissenschaftliche Arbeit (Referat, Hausarbeit, Diplomarbeit) beginnt mit einer Lesephase, in der Sie exzerpieren, d.h. wichtige Zitate, Argumente und Gedankengänge sammeln. Versuchen Sie besser nicht, diesen Arbeitsschritt zu überspringen, meistens geht das schief. Eine wissenschaftliche Arbeit schreibt sich nicht auf Anhieb. Sie entdecken mit jedem weiteren Text, den Sie lesen, neue, interessante Aspekte Ihres Themas, die Sie unbedingt berücksichtigen wollen. Wenn Sie zu jedem gelesenen Text Karteikarten und Exzerpte anfertigen, erhalten Sie relativ rasch einen realistischen Überblick über die einzelnen Komponenten, und Ihre Arbeit entfaltet sich Schritt für Schritt - ein bisschen wie ein kompliziertes Puzzle. Nur mit dem Unterschied, dass Sie die einzelnen Teile auch wieder verschieben können und müssen. Meist wandelt sich die Gesamtarchitektur einer wissenschaftlichen Arbeit mehrmals während des Lese- und Schreibprozesses.

Sie werden oft gezwungen sein, mit Fotokopien zu arbeiten. Diese sind praktisch, insofern als Sie darin nach Lust und Laune unterstreichen und markieren, Randbemerkungen, Symbole und dgl. anbringen können. Dies alles ersetzt aber keinesfalls ein Exzerpt.

Denken Sie daran, dass Sie sich, nachdem Sie einen Text gründlich bearbeitet haben, auch von ihm lösen müssen. *Das Exzerpt ist quasi das Sprungbrett in Ihren eigenen Text.* Würden Sie sich ausschließlich die Fotokopien vor Augen halten, wäre es nur sehr schwer möglich, sich von den Fremdtexten zu lösen. Indem Sie exzerpieren (...) bringen Sie sich in das Thema ein (...) es besteht ein Unterschied zwischen dem Text, den ich als Fotokopie nach Hause trage, und dem, den ich gelesen und exzerpiert habe. Den Letzteren habe ich aufgenommen, kenne ich, den Ersteren habe ich mitgenommen, und nicht selten bleibt es dabei. (Bünting, Bitterlich & Pospiech 1996, S. 33; Hervorheb. B.P.)

Beim Exzerpieren schwer verständlicher Texte empfiehlt es sich abschnittweise vorzugehen und den Inhalt jedes Abschnitts in zwei Aspekten zu erfassen:

1. Was ist das (allgemeine) Thema des Abschnitts?

2. Welche spezifische Aussage (ggf. mehrere Aussagen) wird über dieses Thema getroffen? (Kruse 1997, S. 94)

Ob Sie per Hand schreiben oder von vornherein mit dem PC arbeiten, hängt von Ihren Vorlieben und Computer-Kenntnissen ab. Ich persönlich könnte es mir - aus Zeitgründen - nicht mehr vorstellen, doppelte oder dreifache Schreibarbeit zu leisten. Deshalb arbeite ich beim Exzerpieren und Dokumentieren von Material fast ausschließlich mit dem *Computer*. Zum Schreiben von wissenschaftlichen Arbeiten auf dem PC können Sie nachlesen in:

📖 Sesink, Werner. (1994). *Einführung in das wissenschaftliche Arbeiten ohne und mit PC*. 2., völlig überarb. und aktualisierte Aufl. München; Wien: Oldenbourg Verlag.

📖 Bünting, Karl-Dieter, Bitterlich, Axel & Pospiech, Ulrike. (1996). *Schreiben im Studium. Ein Trainingsprogramm*. Berlin: Cornelsen Scriptor. S. 28 ff.

📖 Bünting, Karl-Dieter, Bitterlich, Axel & Pospiech, Ulrike. (2000). *Schreiben im Studium: mit Erfolg. Ein Leitfaden*. Berlin: Cornelsen Scriptor.

Wichtig ist, dass Exzerpte *jederzeit ergänzt, systematisiert und umgeordnet* werden können, deshalb ist es nicht sinnvoll, mehrere Exzerpte fortlaufend in ein Heft oder Buch zu schreiben. Vielmehr sollte für jeden gelesenen Text getrennt ein Exzerpt angefertigt werden, und zwar auf jeweils einer oder mehreren Karteikarten (z.B. DIN A 5) oder *losen* DIN-A 4-Blättern oder - wenn Sie mit dem PC arbeiten - auf jeweils einer Datei.

Falls die einzelnen Blätter oder Karteikarten mal durcheinander geraten, was dann? Vorsorglich sollten Sie auf jedem einzelnen Blatt, auf jeder Karte (sofern Sie auf Karteikarten exzerpieren) in Kurzform den Text nennen, der Grundlage Ihres Exzerptes ist (z.B. rechts oben auf dem Blatt bzw. auf der Karte oder in der Fuß- oder Kopfzeile der Datei: „Becker 1994, S. 19 - 32")

Wichtige Grundregeln für das Exzerpieren:
– Halten Sie am Anfang jedes Exzerpts die genauen bibliographischen Angaben fest, und zwar entweder vollständig und in der Reihenfolge, die Sie auch in Ihrer Verfasserkartei anwenden (Autor, Erscheinungsjahr, Titel, Auflage,

Erscheinungsort, Verlag) oder in einer Kurzversion, bestehend z.B. aus Autor und Erscheinungsjahr oder Autor und Titel. Diese Kurzversion sollte für alle Fälle auf jedem einzelnen Blatt des Exzerpts vermerkt sein.

- Exzerpte sollen das Gelesene protokollieren. Sie sollen nicht vom gelesenen Text abweichen oder den Sinn des gelesenen Textes verfälschen, auch nicht über ihn hinausreichen.

- Das schließt jedoch eigene Kommentierungen nicht aus, ganz im Gegenteil. Nur müssen sie als solche kenntlich gemacht werden (durch ein Symbol, einen besonderen Schrifttyp, eine bestimmte Farbe).

- Wörtliche Zitate müssen immer als solche gekennzeichnet werden.

- Zitieren Sie stets korrekt. Kennzeichnen Sie also Zitatanfang, Zitatende und Auslassungen innerhalb des Zitats. Prüfen Sie die wörtlichen Zitate - unmittelbar nachdem Sie sie geschrieben haben - stets gründlich in Bezug auf Wortlaut und Zeichensetzung.

- Genaue Seitenangaben nicht vergessen! Notieren Sie mit dem Zitat grundsätzlich die Seite, so vermeiden Sie ein nachträgliches aufwendiges Suchen. Seitenwechsel innerhalb eines Zitats können durch einen Schrägstrich gekennzeichnet werden.

- Versuchen Sie, in Ihren Exzerpten möglichst oft sinngemäß zu zitieren, also Erkenntnisse, Gedankengänge und Argumentationen mit eigenen Worten wiederzugeben und zusammenzufassen.

- Auch bei sinngemäßen Zitaten/Entlehnungen müssen die Quellen - mit Seitenangabe - stets genannt werden.

- Exzerpieren Sie möglichst in ganzen Sätzen. Wenn Sie nur Stichwörter oder Satzfragmente auflisten, gehen wichtige Zusammenhänge leicht verloren. Auf jeden Fall sollten zumindest die tragenden Argumentationsstränge des Textes, zentrale Begriffe und Thesen in ganzen Sätzen festgehalten werden.

5.2.3 Paraphrasieren und Zusammenfassen

Es empfiehlt sich, in wissenschaftlichen Arbeiten, möglichst wenig wörtlich zu zitieren; dies sollte für besonders wichtige Aussagen oder prägnante Formulierungen vorbehalten bleiben. Überwiegend wird man Teile der ausgewerteten Texte sinngemäß zitieren, paraphrasieren, referieren. Dabei sollte darauf geachtet werden, dass das vom Autor des Textes Gemeinte nicht verfälscht wird. Das kann leicht passieren, sowohl bei wörtlichen wie bei sinngemäßen Zitaten oder Paraphrasierungen, und zwar vor allem dann, wenn man einen einzelnen Satz aus seinem ursprünglichen Zusammenhang löst und in einen neuen stellt. Sinnentstellungen können sich aber auch allein dadurch ergeben, dass ein einziges Wort umgestellt, weggelassen oder durch ein Synonym ersetzt wird.

Was bedeutet Paraphrasieren? Paraphrasieren bedeutet zunächst einmal, dass man einen Satz oder Abschnitt eines fremden Autors in seinen eigenen Worten wiedergibt. Dabei verändert man den Satzbau, die Abfolge der Wörter und ersetzt einzelne Wörter durch Synonyme. Paraphrasieren im wissenschaftlichen Kontext beinhaltet aber mehr: Es geht vor allem darum, die Position eines Autors wiederzugeben, seine Aussagen herauszukristallisieren, seine Argumentation zu referieren. Paraphrasieren ist also ein Verfahren, das dazu dient, die Gedanken anderer Autoren und Autorinnen zu referieren, ihre Position abzuwägen, einzuordnen, zu kritisieren. Das Paraphrasieren ermöglicht also die für wissenschaftliches Arbeiten grundlegend wichtige Unterscheidung zwischen fremden und eigenen Gedanken.

Beim Exzerpieren von wissenschaftlicher Literatur bzw. spätestens dann, wenn Sie Ihre Exzerpte in eigene wissenschaftliche Arbeiten einbinden, müssen Sie also darauf achten, dass Sie die übernommenen Passagen *paraphrasieren, d.h. sie in eigenen Worten wiedergeben, und gleichzeitig auf die fremde Autorschaft hinweisen.*

Bei der Wiedergabe der Gedanken eines anderen Autors wird die indirekte Rede eingesetzt. Viele Sätze werden dann mit Verben des Sagens und Meinens eingeleitet; folgende Formulierungen sind gängig:

- Die Autoren vertreten die Position, dass ...
- Die Herausgeberin ist der Ansicht, dass ...
- Werder geht davon aus, dass ...
- Nach Rico besteht das Problem darin, dass ...
- Nach Meinung der Autorin ist ...

Manche der darauf folgenden Nebensätze, und ebenso die darauf folgenden (Haupt-)Sätze stehen im Konjunktiv. In Nebensätzen der indirekten Rede, die mit „dass" eingeleitet sind, darf der Indikativ verwendet werden. Oft wird der Indikativ statt des Konjunktivs auch bewusst eingesetzt, um die eigene Übereinstimmung mit der Meinung des Autors zu signalisieren.

Ein Beispiel zum Gebrauch der indirekten Rede:

Riesman (1956, S. 60) betont, dass der moderne Weltbürger „überall und nirgends zu Hause ist". Aufenanger (1995) nimmt darauf Bezug und stellt fest, dass es für den modernen Medienmenschen keine Zeit- und Raumgrenzen mehr gibt. Er sei/ist - dank der elektronischen Massenmedien - überall dabei, ohne dass er seinen Fernsehsessel verlassen müsse/muss. Über die Modelle von Männlichkeit in den Massenmedien merkt Aufenanger kritisch an, dass diese überwiegend Stereotype transportieren, die wenig geeignet seien, den männlichen Rezipienten eine Erweiterung ihrer Geschlechterrolle zu eröffnen.

Ob Sie Paraphrasierungen nun einleiten oder nicht, ob Sie den Konjunktiv verwenden oder nicht: Wenn Sie sich sinngemäß an einem fremden Text orientieren, müssen Sie es kenntlich machen.

Im folgenden „Beispiel für das Zusammenfassen und Paraphrasieren eines Textes"[2] können Sie die Umformulierung eines Originaltextes nachvollziehen:

1. in *Thema/Aussage* (Reduzierung auf zentrale Behauptungen, gute Grundlage für Zusammenfassung; wichtiges Handwerkszeug für das Erstellen von Exzerpten).

2. in eine *Zusammenfassung*, die so z.B. im Exzerpt stehen könnte.

3. in eine *paraphrasierte Zusammenfassung* (Kruse 1997, S. 94)

Beispiel für das Zusammenfassen und Paraphrasieren eines Textes

Originaltext:

„Die Soziologin Hochschild (1979) hat die Vorstellung, dass der Emotionsausdruck durch soziale Regeln gelernt wird, durch ein zweites Prinzip ergänzt. Sie geht davon aus, dass wir Emotionen nicht nur oberflächlich verbrämen müssen, sondern dass ‚feeling rules' existieren, die festschreiben, welche Emotion in einer gegebenen Situation überhaupt zu empfinden bzw. nicht zu empfinden ist. Beschneidet beispielsweise ein erwachsener Mensch böswillig unsere Rechte, so ‚dürfen' oder sollten wir uns ärgern, zerreißt die Dreijährige vergnügt das neue Buch, so ‚dürfen' wir uns nicht ärgern. Gefühlsregeln sind radikaler als Ausdrucksregeln, und sie stellen die Annahme angeborener Emotionen weitaus mehr in Frage. Wenn wir Emotionen empfinden, weil Regeln sie vorschreiben, sind sie vor allem sozial konstruierte, und weniger angeborene Phänomene. Diese Idee wird uns in der Theorie von Averill im Abschnitt 1.7 wieder begegnen." *

Reduktion auf Thema/Aussage:

Thema: feeling rules (Gefühlsregeln?), Theorie von Hochschild (1979)
Aussage: Anders als Ausdrucksregeln, die den emotionalen Ausdruck beeinflussen, bestimmen feeling rules die Empfindung der Emotion; ihre Existenz weist darauf hin, dass Emotionen stark sozial konstruiert sind.

Zusammenfassung:

Hochschild (1979) stellt die Behauptung auf, dass es neben Ausdrucksregeln auch feeling rules (Gefühlsregeln) gibt, die bestimmen, wie Emotionen empfunden werden. Dies würde darauf hinweisen, dass Emotionen auch stark sozial konstruiert seien.

---

2 Das Textbeispiel stammt aus Kruse 1997. Ich habe dabei folgende Änderungen vorgenommen: In der *Reduktion auf Thema /Aussage:* „... dass Emotionen sozial konstruiert sind" (Kruse); „... daß Emotionen stark sozial konstruiert sind" (Pyerin); in der *Zusammenfassung:* „Dies würde darauf hinweisen, daß Emotionen auch stark sozial konstruiert seien." (Pyerin); in der *paraphrasierten Zusammenfassung:* „... dass die Annahme von Gefühlsregeln die Emotionen als ‚sozial konstuierte' Phänomene ausweisen würde" (Kruse); „... dass die Annahme von Gefühlsregeln Emotionen auch als stark ‚sozial konstruierte' Phänomene ausweisen würde" (Pyerin).

In ihrer Darstellung der Einflüsse sozialer Regeln auf die Emotionen führt Weber (1994, S. 23) auch eine Theorie der Soziologin Hochschild (1979) an, die die Existenz von ,feeling rules' postuliert. Diese Gefühlsregeln (der deutsche Begriff wird von Weber nicht verwendet) seien entsprechend der Theorie von Hochschild dafür verantwortlich, wie Emotionen empfunden werden. Weber weist darauf hin, dass die Annahme von Gefühlsregeln Emotionen auch als stark ,sozial konstruierte' Phänomene ausweisen würde.

* Originaltext entnommen aus: H. Weber (1994). Ärger. Psychologie einer alltäglichen Emotion. Weinheim, S. 23.

nach Kruse 1997, S. 95

Die *einfache Zusammenfassung* in diesem Beispiel hat eine Form, die so zwar in einem Ihrer Exzerpte stehen könnte, in Ihrer eigenen wissenschaftlichen Arbeit wäre sie aber nicht legitim, weil sie die Aussage einer fremden Autorin übernimmt, ohne dies kenntlich zu machen. Das wäre dann geistiger Diebstahl, ein Plagiat. Deswegen ist es in eigenen Arbeiten erforderlich, paraphrasierend zusammenzufassen. Die *paraphrasierte Zusammenfassung* gibt an, wer welche Aussage getroffen hat und welchen Status die jeweilige Aussage hat.

Bezogen auf unser Beispiel kann mit Hilfe der Paraphrasierung:

1. eindeutig auseinander gehalten werden, welche Aussage auf Hochschild und welche auf Weber zurückzuführen ist;

2. zum Ausdruck gebracht werden, ob Weber sich der These von Hochschild anschließt (a), diese lediglich referiert (b) oder deutlich macht, dass sie diese als vorläufige Interpretation bewertet (c):

   a. Wenn Weber mit Hochschild der Meinung ist, Emotionen seien auch „soziale Konstruktionen", könnte die Formulierung z.B. so lauten: „Weber leitet daraus m. E. zurecht ab, dass Emotionen auch ,soziale Konstruktionen' sind."

   b. Referiert Sie lediglich die Position der Autorin, könnte sie schreiben: „Dies weist nach Weber auf eine auch ,soziale Konstruktion' von Emotionen hin."

   c. Will Sie betonen, dass die These der Autorin aus ihrer Sicht als vorläufige Interpretation zu bewerten ist, die erst noch bewahrheitet werden müsste, würde die Formulierung z.B. so aussehen: „Weber weist darauf hin, dass die Annahme von Gefühlsregeln Emotionen als auch ,sozial konstruierte' Phänomene ausweisen würde." Oder: „Dies würde auf eine auch ,soziale Konstruktion' von Emotionen hinweisen."

Paraphrasieren ist manchmal ziemlich aufwendig und schwierig, es ist eine „Kunst" für sich. Es führt aber in wissenschaftlichen Texten kein Weg daran vorbei! Also lassen Sie sich nicht entmutigen, es kann gelernt werden, durch Abgucken, durch Lernen aus Fehlern und durch Übung.

5.2.4 Belegen, Zitieren, Verweisen

Jeder wissenschaftliche Text ist Teil „eines großen Flickenteppichs, der sich Forschung nennt" (Kruse 1997, S. 102) und stellt eine Ergänzung zu oder eine Abgrenzung von bereits vorhandenen Positionen dar. Mit jeder Veröffentlichung, wird der „arbeitsteilig entstandene Pool von Erkenntnissen" (Kruse 1997, S. 102) ergänzt. Durch Zitieren, Belegen und Verweisen müssen in jeder wissenschaftlichen Arbeit die Bezüge zur bereits existierenden Forschungsliteratur hergestellt und somit das bereits existierende Wissen von dem neu formulierten unterscheidbar gemacht werden.

Zitieren „bezeichnet das sinngemäße oder wörtliche Anführen fremder Behauptungen, Ideen oder Forschungsergebnisse. Es gibt direkte Zitate, die wörtlich übernommen und in Anführungszeichen gesetzt werden und indirekte Zitate, die paraphrasiert (d.h. in eigene Worte gefasst) werden, aber Erkenntnisse oder Meinungen anderer unverfälscht wiedergeben. Zitate müssen mitnichten die eigene Meinung darstellen. Sie können auch Gegenmeinungen, mögliche Meinungen usw. repräsentieren" (Kruse 1997, S. 103).

Sowohl bei direkten als auch bei indirekten Zitaten muss unmittelbar nach der betreffenden Aussage auf das zitierte Werk hingewiesen werden.

Beispiel indirektes Zitat: Es muss davon ausgegangen werden, dass die Persönlichkeitsentwicklung des Menschen ganzheitlich zu betrachten ist (vgl. Koller 2000, S. 333) und somit jeder disziplinspezifische Zugang zu kurz greift.

Beispiel direktes Zitat: Der Schlussfolgerung, das Forschungsinteresse müsse sich stärker „auf die subjektiven Deutungen der Betroffenen" (Wais 1999, S. 25) richten, ist aus meiner Sicht zuzustimmen.

Belegen „bezeichnet das Anführen von Forschungsergebnissen oder Quellen, die eigene Behauptungen stützen können. Alle nichttrivialen Kernaussagen, die man in wissenschaftlichen Texten trifft, sollten belegt werden. Davon abgehen können Sie, wenn Sie allgemein anerkannte Meinungen referieren oder wenn Sie aus eigener Expertise sprechen. Jedes Fach und jeder Diskurs besitzt eigene rhetorische Muster des Belegens. Man kann Aussagen dadurch belegen, dass man empirisches Material oder den Inhalt einer Quelle anführt, die sie stützen" (Kruse 1997, S. 103 u. 106). Zum Belegen sollte - so weit möglich - nur Primärliteratur verwendet werden, also originäre Forschungsberichte (vgl. Kruse 1997, S. 106).

Verweisen: Verweise machen deutlich, dass andere AutorInnen

- eine ähnliche Position vertreten („siehe auch ...", „vgl. auch ..."),
- gegenteiliger Meinung sind („siehe dagegen ..."),

- einen zusammenfassenden Überblick über einen Themenkomplex gegeben haben, den man selbst angesprochen hat („siehe zusammenfassend ...") oder
- auf die behandelte Fragestellung ergänzend oder weiterführend eingehen („siehe hierzu auch ...") (vgl. Nitsch, Hoff, Mickler, Moser, Seiler & Teipel 1994, S. 169).

Es gibt unterschiedliche Arten des Belegens, Zitierens und Verweisens. Die Regeln dafür sind nirgendwo allgemein gültig festgelegt, sie unterscheiden sich von Fach zu Fach und von Diskurs zu Diskurs. Ich habe in diesem Buch die Konventionen zugrunde gelegt, die sich in der Psychologie und anderen Wissenschaften bewährt haben und heute breite Anwendung finden.

Innerhalb dieser Konventionen gibt es zwei unterschiedliche Beleg- oder Verweissysteme (vgl. Kruse 1997, S. 106-108) zur formalen Gestaltung des Zitierens:

1. *Das Kurzbelegverfahren:* Hier werden die benutzten Textquellen im Text selbst genannt, mit dem Namen des Autors und dem Erscheinungjahr der Veröffentlichung. Mit diesen beiden Angaben ist der verwendete Text im Literaturverzeichnis eindeutig und rasch identifizierbar. Das Kurzbelegverfahren, das sich in den Sozialwissenschaften weitgehend durchgesetzt hat, bietet große Vorteile für Schreibende und Lesende. Der Textkorpus enthält alle zum Auffinden der benutzten Literatur notwendigen Informationen und erspart das Blättern nach Literaturhinweisen im Anmerkungsteil am Ende der Seite, des Kapitels oder des Buches.

2. *Das Anmerkungs- oder Fußnotensystem.* In diesem Fall wird mit Namen und Verweisen im Textkorpus sparsam umgegangen. Dafür werden die Angaben zur Identifizierung der Quellen im Anmerkungsteil konzentriert. Dieser steht entweder am Fuß der Seite (Fußnoten), am Ende des Kapitels oder am Ende der gesamten Veröffentlichung. Der Vorteil dieses Systems besteht darin, dass Verweise und Nebengedanken, die nicht auf der Hauptlinie der Gedankenführung liegen, aus dem Text entfernt werden können und somit den Textfluss nicht unterbrechen. Fußnotensysteme sind vor allem in Texten sinnvoll, die viele einzelne Belege und viele Belege aus nichtwissenschaftlichen Quellen enthalten.

Auf den folgenden Seiten wird das Kurzbelegverfahren, anhand eines Beispieltextes[3] demonstriert.

Tab. 1: Beispieltext zum Zitieren im Kurzbelegverfahren

Kurzbeleg ohne Seitenangabe: Name des Autors/der Autorin im Text, Jahresangabe in Klammern. Ausschließlich für Hinweise auf Gesamtschriften!	Münch (1998) gibt erstmals einen umfassenden Überblick über neuere Ergebnisse der Schreib- und Leseforschung im Kontext Hochschule.

---

3 Die Literaturangaben in diesem Beispieltext sind fiktiv. Vgl. auch Kruse 1997, S. 104 f., Sesink 1994, S. 270 f.

Direktes/wörtliches Zitat wird durch Anführungszeichen markiert. Danach in Klammern: Name des Autors/der Autorin (ohne Vorname und Titel!), Jahresangabe, Komma, Seitenangabe (unbedingt erforderlich!)	Wissenschaftliche Hausarbeiten werden oft gefordert, ohne dass „präzise Angaben über die Art des Textes gemacht werden" (Baum 1988, S. 17). Meier (1992, S. 119) stellt fest, dass „Studierenden meist keine Kenntnisse über Textsorten" vermittelt werden. Daraus resultieren Probleme.
Ein Zitat im Zitat oder ein in Anführungsstriche gesetzter Ausdruck in einem Zitat wird durch einfache Anführungszeichen gekennzeichnet.	„Besonders Studierende, die mit dem ‚Deutschunterricht in der Schule nicht zurecht gekommen' sind, berichten über erhebliche Probleme bei der Textherstellung" (Waldmann 2001, S. 201).
Indirektes Zitat/ nicht-wörtliches Zitat: ohne Anführungsstriche. Danach in Klammern: "vgl." oder "s." (= "siehe") oder "nach", Name des Autors/der Autorin, Jahresangabe, Seitenangabe	Aber auch Studierende, die über eine gut ausgebildete Schreibkompetenz verfügen, wissen meistens nicht, wie sie ihre Hausarbeit gestalten sollen (vgl. Münch 1988, S. 7).
Auslassungen im Zitat - nur erlaubt wenn dadurch der Sinn nicht verändert wird - werden durch 3 Punkte markiert, die in Klammern gesetzt werden.	Es wäre also erforderlich, „Anforderungen an Hausarbeiten (...) präziser zu formulieren" (Block 2002, S. 8) und verschiedene Textsorten zu vermitteln,
Wenn sich die Syntax gegenüber dem Original verändert, werden oft Anpassungen im Zitat notwendig. Diese sind in Klammern zu setzen. Original: "Es ist notwendig, dass Studierende vom ersten Semester an mit verschiedenen Textsorten experimentieren" (Waldmann 1995, S. 60).	sodass „(...) Studierende vom ersten Semester an mit verschiedenen Textsorten experimentieren (können)" (Waldmann 1995, S. 60).
Verschmelzungen: Wenn einzelne Wörter von fremden Autoren in den eigenen Text integriert werden, bleiben grammatikalische Veränderungen unberücksichtigt. Original: "Eine lernpsychologische und didaktische Einschätzung des Phänomens ergibt, dass das Experimentieren mit verschiedenen Textsorten zu empfehlen ist" (Maier 2002, S. 10).	Auch aus „lernpsychologischer und didaktischer" (Maier 2002, S. 10) Perspektive sei dies zu empfehlen. Seit Jahren wird in der Literatur auf diese Tatsachen hingewiesen. Die meisten Einführungskurse in das wissenschaftliche Arbeiten ignorieren diese jedoch weiterhin.
Einfügungen, Erläuterungen im Zitat zur notwendigen Präzisierung werden durch den Zusatz "d. Verf." (=die Verfasserin/der Verfasser) gekennzeichnet. Original: "Gerade sie sind in dieser Hinsicht oft außerordentlich motiviert" (Heine 1997, S. 21).	Damit bleiben viele Möglichkeiten unausgeschöpft. Denn „gerade sie (Studienanfängerinnen und Studienanfänger, d. Verf.) sind in dieser Hinsicht oft außerordentlich motiviert" (Heine 1997, S. 21).
Hervorhebungen im Zitat, die im Originaltext nicht vorhanden sind, müssen	„An deutschen Hochschulen sollten nach amerikanischem Vorbild die *Methoden des*

gekennzeichnet werden, z.B. mit dem Zusatz „Hervorh. nicht im Original" Original: "An deutschen Hochschulen sollten nach amerikanischem Vorbild die Methoden des Kreativen Schreibens viel stärker als bisher mit der herkömmlichen Methodik wissenschaftlichen Arbeitens verknüpft werden" (Poet 1995, S. 12).	*Kreativen Schreibens* viel stärker als bisher mit der herkömmlichen Methodik wissenschaftlichen Arbeitens verknüpft werden" (Poet 1995, S. 12; Hervorh. nicht im Original).
Wörtliche Zitate müssen mit dem Original genau übereinstimmen, auch wenn dieses fehlerhaft ist! Fehlerhaftes wird mit dem Zusatz "sic!" versehen.[4]	Auch Münz (1996) fordert dies, wenn er fragt: „Wann endlich werden deutschen (sic!) Hochschulen die Methoden des Kreativen Schreibens entdecken?" (S. 15)
Längere Zitate (mehr als 40 Wörter) werden als Blockzitat wiedergegeben. Eingerückt, ohne Anführungsstriche, mit engerem Zeilenabstand oder kleineren Buchstaben.	Hierzu führt die Autorin aus: Erforderlich sind ganzheitliche Ansätze des wissenschaftlichen Schreibens, die auch die emotionalen Dimensionen des Schreibens berücksichtigen. Die praktisch ausschließlich auf Rationalität beruhende Form der Schreibdidaktik an deutschsprachigen Hochschulen bedarf dringend einer Revision. Darin liegt keine Entwertung und keinesfalls ein Verzicht auf Rationalität. (Schreiber 1994, S. 298)
Zitieren „aus zweiter Hand" (möglichst vermeiden) muss kenntlich gemacht werden. Zuerst wird der Autor des Originaltextes (hier Müller) genannt, dann die Literatur, aus der das Zitat übernommen wurde (hier Mustermann). In das Literaturverzeichnis muss die Originalarbeit nicht aufgenommen werden.	Die Hirnphysiologie liefert hierzu wichtige Erkenntnisse, „die in das Methodenrepertoire des Kreativen Schreibens Eingang gefunden haben" (Müller 1980, zitiert nach Mustermann 1997, S. 15). Wie eine Untersuchung von White (1987, zitiert nach Porter 1996, S. 45) ergab, sind diese Methoden im wissenschaftlichen Kontext bestens geeignet.
Beim Zitieren aus einem Werk von zwei AutorInnen werden stets beide genannt. Im Text werden die beiden Namen durch „und" verbunden, innerhalb von Klammern und im Literaturverzeichnis durch "&".	Wie Schmid und Maier (1986) zeigten, trifft dies insbesondere für die geisteswissenschaftlichen Fächer zu. Weitere Untersuchungen aus den USA (Pott & Green 1991) bestätigen diesen Befund.
Hat ein Werk drei bis sechs AutorInnen werden bei der ersten Nennung im Text alle AutorInnen aufgeführt, im weiteren Verlauf begnügt man sich mit dem Erstautor/der Erstautorin und dem Zusatz „et al."	Nach Schmid, Müller, Jensen und Maier (2000) haben Studierende oft hohe Erwartungen in Bezug auf ihre Schreibkompetenz. Ein ähnliches Ergebnis erbrachte eine österreichische Studie (Beck & Pyron 2003). Die Ergebnisse von Schmid et al. (2000) sind von besonderem Interesse.
Mehrere Schriften eines Autors aus dem gleichen Jahr werden durch	Blick (1992a, S. 55) betont, dass „das wissenschaftliche Schreiben leichter fällt, wenn

---

4 Aus textproduktionstechnischen Gründen wurden in diesem Buch alle Zitate neueren Datums in die neue Rechtschreibung umgewandelt.

Kleinbuchstaben (a,b,c) unter-scheidbar gemacht. Sie müssen entsprechend auch in das Literaturverzeichnis aufgenommen werden.	Kreative Methoden angewandt werden". Er plädiert deshalb für eine Reform der Schreibdidaktik an deutschen Hochschulen (vgl. Blick 1992b, S. 12).
Fremdsprachige Texte sollten im Original zitiert sein; eigene Übersetzung ist kenntlich zu machen	Nach Pott und Green (1995) ist „die Schreibdidaktik an amerikanischen Hochschulen diesbezüglich bereits grundlegend reformiert" (S. 95, eigene Übersetzung).

5.3 Techniken wissenschaftlichen Lesens

Vor dem Lesen einzelner Texte steht in der Regel die Literaturrecherche sowie das Sichten und Prüfen der gefundenen Literatur (vgl. dazu auch Abschnitt 5.2.1: Lesen und Schreiben miteinander verbinden). Dann erst geht es an das Lesen der einzelnen Texte. Und das stellt für Novizen in der Regel eine große Herausforderung dar. Die wissenschaftlichen Texte, die sie in den ersten Wochen und Monaten zu lesen haben, sind überwiegend auf Anhieb nur schwer verständlich. Sie zeichnen sich durch einen hohen Abstraktionsgrad und eine extensive Nutzung von Fachbegriffen und Fremdwörtern aus, liegen oftmals weit jenseits des Erfahrungshorizonts der Studierenden, und sie sind zuweilen ausgesprochen adressatenunfreundlich geschrieben.... Kein Wunder, dass die in der Schule und in der Freizeit erworbenen Lesekompetenzen, die überwiegend auf Belletristik und Schulbücher / Sachbücher gerichtet waren, hier zunächst versagen. *Studierende müssen an der Hochschule also auch das Lesen zunächst neu lernen* bzw. weiterentwickeln.

Da die Entwicklung der Fähigkeiten des wissenschaftlichen Lesens und Schreibens eng zusammenhängen und wechselweise voneinander abhängig sind, ist es wichtig, von Beginn des Studiums an auch die Lesequalifikation gezielt zu entwickeln. Dafür stehen eine Reihe von Lesetechniken zur Verfügung, die - jeweils abgestimmt auf Textsorte und Leseinteresse - eingesetzt werden können. Ich stelle Ihnen hier zunächst traditionelle, auf Reproduktion abzielende Techniken vor, dann kreative Lesetechniken, die individuelles und originelles Textverstehen unterstützen können[5].

> „Ein fleissiges Litteraturstudium aber kann dem Studierenden nicht genug empfohlen werden. Die Litteratur ist die halbe Gelehrsamkeit. Sie eröffnet ihm die Quellen des Wissens, bewahrt ihn vor Fehlgriffen und unnützem Abmühen in dem, was bereits bearbeitet und vorhanden ist, erhält ihn auf der Höhe der Zeitbildung und giebt dem ganzen Studium seine Umsicht und innere Sicherheit. Daher muss auf eine gründliche und ausgebreitete Litteraturkenntniss, sowohl seiner Haupt- und Hülfswissenschaften, das Streben

---

5 Zu den traditionellen Lesetechniken (Abschnitte 5.3.1 und 5.3.2) vgl. Franck 1998, S. 31 - 35; Rückriem, Stary & Franck 1995, S. 131 - 136. Zu den kreativen Lesetechniken (Abschnitte 5.3.3 und 5.3.4) vgl. von Werder 1994, S. 59 - 96; von Werder 1998, S. 65 f.

des Studierenden umso mehr gerichtet sein, als sich ihm auf der Universität die Mittel dazu reichlicher als meistens im späteren Berufsleben darbieten." (Carl Kirchner 1852, zitiert nach Stary & Kretschmer 1994, S. 40).

„Meine Meinung zu Büchern war: Alle Bücher kann kein Mensch lesen, nicht mal alle sehr guten. Folglich konzentriere ich mich auf zwei." (Edgar Wibeau in „Die neuen Leiden des jungen W." von Ulrich Plenzdorf; zitiert nach Stary & Kretschmer 1994, S. 15)

5.3.1   Vor dem Lesen: Fragen formulieren und Relevanz prüfen

Wenn die Literaturrecherche erfolgreich war, liegen Stapel von potentiell relevanter Literatur für unser Thema vor uns. Das kann sehr entmutigend sein, wenn wir uns nicht klarmachen, dass wir *nicht jeden Text von der ersten bis zu letzten Zeile lesen können und müssen!!!* Das ist schon aus Zeitgründen in der Regel nicht möglich.

Hüten Sie sich also davor, wahl- und ziellos zu lesen und sich dabei in Einzelheiten zu verlieren. Gehen sie ökonomisch mit Ihrer Zeit um, ersparen Sie sich überflüssige Lektüre und Enttäuschungen, indem Sie *vor dem eigentlichen Lesen* immer zwei Schritte durchführen:

– sich Klarheit verschaffen über die eigenen Fragen an die Literatur: *Was will ich wissen?*

– Überprüfen, ob die Literatur die erwarteten Informationen liefert: *Was ist für meine Fragestellung relevant, verwertbar?*

Um sich Klarheit darüber zu verschaffen, was Sie von einem Text wissen wollen, formulieren Sie zunächst Fragen. Damit geben Sie Ihrer Lektüre ein greifbares Ziel. Hilfreich sind die so genannten W-Fragen:

Tab. 2:

Frage	zielt auf	Beispiele
Was?	Gegenstandsbestimmung	Was versteht die Autorin unter Bildung? Was bedeutet hier Medienkompetenz?
Warum? Wozu?	Ursache, Grund Zweck, Ziel	Warum brauchen Kinder Medien? Wozu benötigen Kinder einen Computer?
Wie?	Art und Weise	Wie gehen Kinder mit Gewalt in den Medien um?
Wer?	Person, soziale Gruppe	Wer hat diesen Sachverhalt erforscht? Welche Altersgruppe gilt diesbezüglich als besonders gefährdet?
Wo?	Ort, Geltungsbereich	Für welche Bundesländer gelten die Ergebnisse? Für welche Lernvorgänge trifft die Hypothese zu?
Wann?	Zeit	Wann wurde das Problem „Gewalt in den Medien" aufgegriffen? Wann sollte man Kindern das Fernsehen verbieten?

Bei der Relevanzprüfung, mit der Sie feststellen, ob ein Text für die von Ihnen entwickelten Fragen und Ihre Themenstellung relevant ist, können Sie sich an folgender Checkliste orientieren:

- Was weiß ich über den *Autor*, die Autorin? Was hat er/sie sonst noch zum Thema veröffentlicht? Gilt er/sie als Autorität auf einem bestimmten Gebiet?

- Was verspricht der *Titel*? Wird er durch einen Untertitel präzisiert oder eingegrenzt?

- Das *Impressum* gibt Aufschluss über das Erscheinungsjahr (bei Übersetzungen Zeitpunkt der Erstveröffentlichung in der Originalsprache beachten!) und damit darüber, welche Aktualität, welcher Wissensstand erwartbar ist; auch über die Auflage (neueste, ältere, überarbeitete) wird hier informiert. Immer die neueste Auflage verwenden!

- Weiß ich etwas über den *Verlag*? Gilt er als ausgewiesener Fachverlag für meinen Themenbereich? Liegt sein Schwerpunkt auf wissenschaftlicher Literatur oder auf populärwissenschaftlichen Publikationen? Ist er weltanschaulich gebunden?

- Gehört das Buch zu einer *Reihe*? Wer gibt sie heraus? Für wen ist sie gedacht? Erscheinen in erster Linie Dissertationen und Habilitationen? (Achtung: möglicherweise hochspezialisierte „schwere Kost"!).

- Auch ein seriöser *Klappentext* und das *Vorwort* können wichtige Informationen über den Inhalt, den Autor/die Autorin und die Zielgruppe des Textes liefern.

- Dem *Inhaltsverzeichnis* entnehme ich, wie der Text aufgebaut ist, welche Inhalte schwerpunktmäßig behandelt werden.

- Das *Literaturverzeichnis* gibt Aufschluss darüber, auf welche Literatur sich der Autor stützt, eventuell auch ob er nur einen Ansatz oder verschiedene theoretische Ausrichtungen berücksichtigt hat.

- Anhand der *Register* (Sach- und Personenregister) kann geprüft werden, ob zentrale Begriffe, Personen der (Zeit-)Geschichte, wichtige AutorInnen berücksichtigt sind.

Wenn sich ein Text anhand dieser Checkliste als relevant erweist, kann die *Einleitung* weiteren Aufschluss geben, unter anderem über das zu erwartende Anspruchsniveau. Es sollte Ihrem Vorwissen in etwa angemessen sein, Sie also weder unterfordern noch hoffnungslos überfordern.

Nach der Prüfung der Relevanz der einzelnen Texte ist es sinnvoll, eine Prioritätenliste für die Lektüre zu erstellen. Obenan stehen die grundlegenden Werke, die gründlich und systematisch durchgearbeitet werden wollen; es folgen die Titel, die vielleicht nur teilweise gelesen werden müssen. Ungeeignete Titel dürfen ausgeschlossen werden.

Vor dem gründlichen systematischen Lesen steht das kursorische Lesen, auch Quer- oder Diagonallesen genannt. Es handelt sich dabei um eine überfliegende Leseweise, mit der man sich erste Informationen und einen raschen Überblick verschaffen kann. Kursorisches Lesen dient auch dem schnellen Auffinden der für die Themenstellung relevanten Passagen.

5.3.2 Lesen mit Methode: inhaltlich und logisch gliedern

Bevor Sie mit Unterstreichen oder Markieren beginnen, lesen Sie zuerst den gesamten Text. Erst im zweiten Durchgang wird unterstrichen bzw. mit Textmarker gearbeitet.

In der Regel kommt es darauf an, die Kernaussagen und die Argumentationsstruktur eines Textes herauszuarbeiten, ihn also

- inhaltlich zu gliedern und
- logisch zu gliedern.

Inhaltlich gliedern: den Inhalt erfassen
Wichtig ist zunächst das Herausarbeiten der Kernaussagen eines Textes. Ein bewährtes Verfahren dafür ist das inhaltliche Gliedern. Dabei wird die inhaltliche Struktur eines Textes mit Hilfe von Leitwörtern hervorgehoben. Die Leitwörter fassen den Inhalt eines Abschnitts zusammen, geben Antwort auf die Frage „Worum geht es in diesem Abschnitt?". Dazu ein kurzes Beispiel, das sowohl die inhaltliche als auch die logische Gliederung des Textes berücksichtigt.

Tab. 3:

	Inhaltliche Gliederung	Logische Gliederung
Die Medienwirkungsforschung orientiert sich an einem verengten Wirkungsbegriff, der davon ausgeht, dass die Rezipienten dem Einfluss der Medien passiv und wehrlos ausgeliefert sind. Da aber jeder Mensch die Medieninhalte ganz individuell aktiv und produktiv verarbeitet, kann die Wirkung - oder besser die Aneignung - von Medien nur aus der Perspektive der Individuen und Gruppen, die die Medien nutzen, angemessen untersucht werden. Die kulturelle Einbettung der Medienaneignung muss dabei systematisch berücksichtigt werden.	*Erforschung der Medienaneignung aus Perspektive der Nutzer*	*These*

Logisch gliedern: die Argumentationsstruktur erfassen
Um einen Text erfassen und beurteilen zu können, empfiehlt es sich, auch seine Argumentationsstruktur zu beachten. Dabei geht es um die Funktion der einzelnen Textabschnitte in der Argumentation des Autors / der Autorin. Was macht er/sie an dieser Stelle?

- Stellt er eine These auf?
- Begründet oder erläutert sie eine These?
- Untermauert er die These mit Beispielen?
- Nennt sie Belege für ihre These?
- Stellt er ein Ergebnis dar?
- Verallgemeinert sie ein Ergebnis? Zieht er Schlussfolgerungen?

Sehr anschauliche umfangreichere Beispieltexte zum inhaltlichen und logischen Gliedern finden Sie bei:

📖 Franck, Norbert. (1998). *Fit fürs Studium. Erfolgreich reden, lesen, schreiben*. München: Deutscher Taschenbuch Verlag.

5.3.3 Kreative Lesetechniken

Kreative Lesetechniken wurden mit dem Ziel entwickelt, individuelles und originelles Textverstehen zu unterstützen, die Kreativität beim Lesen und Auswerten von Texten zu steigern. Zum Einsatz kommen dabei verschiedene Kreativitätstechniken und Methoden des Kreativen Schreibens.

Lesejournal
Die einfachste Methode des kreativen Lesens besteht darin, ein Lesejournal zu führen. Dieses ermöglicht es Ihnen, Leseerfahrungen zu reflektieren. Im Lesejournal können Sie alle Ideen und Fragen notieren, die sich beim Lesen eines Textes ergeben. Im Lesejournal stehen z.B. herkömmliche Exzerpte oder auch Produkte von Schreibexperimenten, die durch das Lesen von wissenschaftlichen Texten angeregt worden sind (vgl. dazu Kapitel 4, Abschnitt 4.3).

Free-Writing-Lesen
Machen Sie zum Titel des zu lesenden Textes spontan ein Free-Writing, ca. eine halbe Seite. Wenn Sie dann während des Lesens auf wichtige Gedanken stoßen, schreiben Sie auch zu diesen jeweils einen Free-Writing-Text. Abschließend können Sie alle wichtigen, in Ihren Free-Writing-Texten enthaltenen Ideen in einem Antworttext auf den gelesenen Text zusammenfassen.

Mind-Map-Lesen
Verschaffen Sie sich zunächst einen ersten Überblick über den zu lesenden Text, und zwar durch das Lesen der Zwischenüberschriften, der Einleitung, der Überleitungen zwischen den Absätzen, des Schlusses, der Zusammenfassung. Entwerfen Sie ein erstes Mind Map des gelesenen Textes. Lesen Sie nun den Text vollständig und erstellen Sie ein neues Mind Map. Es wird weitere Einsichten, Präzisierungen und eine bessere Strukturierung aufweisen. Schreiben Sie danach eine Zusammenfassung des gelesenen Textes. Das Mind-Map-Lesen eignet sich vorzüglich zum Strukturieren und Visualisieren der zentralen Ideen eines Textes und erleichtert es Ihnen damit, das Wesentliche eines Textes herauszuarbeiten.

Dialog-Lesen

Lesen Sie zunächst nur den Titel des zu lesenden Textes. Ersinnen Sie dann einen fiktiven Dialog zwischen sich und dem Autor des Textes. Beim anschließenden Lesen des Textes notieren Sie sich alle wichtigen Ideen des Autors. Schreiben Sie nun einen zweiten Dialog zwischen sich und dem Autor: Stellen Sie dem Autor kritische Fragen und lassen Sie ihn darauf antworten. Verarbeiten Sie schließlich die beiden Dialoge zu einem wissenschaftlichen Text, der die Thesen des Autors und Ihre Antithesen vorstellt und abschließend eine Synthese herstellt.

5.3.4 Kreative Lesetechniken für verschiedene Arbeitsphasen

Auch für die verschiedenen Phasen des Leseprozesses steht eine breite Palette von kreativen Techniken bereit, die die Eigenaktivität der Leser und Leserinnen bei der Rezeption, Rekonstruktion und Fortschreibung von Texten erweitern können.

Phase 1: Kreative Lesevorbereitung

Mit einem individuellen *Brainstorming oder Free-Writing* kann man sich auf das Thema des zu lesenden Textes einstimmen; auch kann man damit eigene Positionen und Deutungsmuster erforschen. Zum Beispiel kann es sehr aufschlussreich sein, sich mittels Free-Writing oder Brainstorming mit dem Titel eines Textes auseinander zu setzen, indem

– Probleme und Fragestellungen, die der Titel aufwirft, benannt werden oder
– Lügen und Wahrheiten, die zum Titel assoziiert werden, festgehalten werden.

Phase 2: Kreative Lesebegleitung

Hauptidee identifizieren: Unterscheiden Sie beim Lesen zwischen Thesen und nachgeordneten Sätzen und markieren Sie die *Thesen* zunächst durch Einkreisungen. Wahrscheinlich enthält der Text eine Hauptidee,

– die entweder aus den einzelnen Thesen abgeleitet worden ist *(deduktives Vorgehen)*

– oder auf die durch die einzelnen Thesen schrittweise hingeführt wird *(induktives Vorgehen)*.

Beispiel für ein deduktives Vorgehen: Mein Deutschunterricht war gut (= Hauptidee). Einzelne Thesen: Lehrer A hat interessante Texte mit uns gelesen; Lehrer A hat zu den Schülern auch persönlichen Kontakt aufgenommen; Lehrer A hatte einen anregenden Vortragsstil; Lehrer A war um Fairness bemüht.

Verbinden Sie in einem zweiten Schritt die einzelnen Thesen mit Pfeilen, und zwar in der Weise, dass sie zur Hauptidee hinzeigen. Beim deduktiven Vorgehen werden die Pfeile dann nach unten zeigen, beim induktiven Vorgehen hingegen zeigen sie nach oben. Falls die Hauptidee des Textes nicht explizit ausformuliert ist, versuchen Sie es selbst. Arbeiten Sie auch dabei entsprechend mit den Pfeilen.

Bewahrheitungstechniken: Halten Sie fest, mit welchen Elementen der Bewahrheitung und Glaubhaftmachung die Hauptidee des Textes abgesichert wird (z.B. empirische Daten wie Statistiken, wissenschaftliche Autoritäten, gesellschaftliche Normen etc.).

Argumentation: Achten Sie darauf, wie die Argumentation aufgebaut ist (Ein- und Überleitungen, Zusammenfassungen, Ausblicke, Relativierungen). Achten Sie auf bekannte Argumentationsfiguren wie Ursache und Wirkung, Vergleich und Gegensatz, Fragen und Antworten, Probleme und Lösungen.

Phase 3: Lesenachbereitung
Konfrontieren Sie die Position des Autors / der Autorin mit Ihrer eigenen Sichtweise. Dazu können Sie eine *Zweispaltenmethode* benutzen: In die linke Spalte wird die Meinung des Autors / der Autorin eingetragen, in die rechte Ihre eigene. Wenn Sie die Ergebnisse vergleichen, können Sie Übereinstimmungen und Unterschiede feststellen.

Grundideen / Struktur des Textes visualisieren
Sie können die Grundideen eines Textes auch mit einem *Mind Map* oder einem *Cluster* visualisieren.

Phase 4: Leseverwertung
Sammeln Sie durch ein fünfminütiges *Free-Writing* Ideen und Argumente zur Kritik oder auch zur Verteidigung des gelesenen Textes. So werden unterschiedliche Deutungsmuster und Positionen verdeutlicht.

Um das Gelesene mit Ihrer eigenen Sichtweise zu verknüpfen, können Sie auch die wichtigsten Begriffe des gelesenen Textes zu einem kleinen *Prosatext* verarbeiten, der Ihre eigene Perspektive auf die Thematik zum Ausdruck bringt.

Sie können die Ergebnisse Ihrer wissenschaftlichen Lektüre auch in Form von kleinen *Gedichten* (z.B. Elfchen oder Haiku) festhalten, um sie besser in Ihrem Gedächtnis zu verankern (vgl. dazu Kap. 4, Abschnitt 4.2.2).

Zur Vertiefung Ihrer Kenntnisse und Fertigkeiten im wissenschaftlichen Lesen empfehle ich Ihnen:

📖 Franck, Norbert. (1998). *Fit fürs Studium. Erfolgreich lesen, reden, schreiben*. München: Deutscher Taschenbuch Verlag.

📖 Stary, Joachim & Kretschmer, Horst. (1994). *Umgang mit wissenschaftlicher Literatur: eine Arbeitshilfe für das sozial- und geisteswissenschaftliche Studium*. Frankfurt/Main: Cornelson, Scriptor.

📖 Werder, Lutz von. (1994). *Wissenschaftliche Texte kreativ lesen*. Berlin: Schibri-Verlag.

6. Wichtige Textsorten im Studium

Ich lege in meinen Ausführungen den Schwerpunkt zum einen auf die wichtigste schriftliche Leistung im Rahmen fast jedes Studiums: die wissenschaftliche Hausarbeit. Die Ausführungen dazu sind grundlegend wichtig für jede Art von wissenschaftlichem Text - also auch für die Erstellung eines Vortragsmanuskripts oder für die Diplomarbeit. Einen zweiten Schwerpunkt bildet das Referat, die wichtigste mündliche Studienleistung, mit der allerdings auch wichtige schriftliche Arbeitsschritte verbunden sind.

Zur Information über weitere Textsorten und Leistungsnachweise im Studium empfehle ich folgende Bücher:

📖 Sesink, Werner. (1994). *Einführung in das wissenschaftliche Arbeiten ohne und mit PC.* 2., völlig überarb. und aktualisierte Aufl. München; Wien: Oldenbourg Verlag.

📖 Bünting, Karl-Dieter, Bitterlich, Axel & Pospiech, Ulrike. (1996). *Schreiben im Studium. Ein Trainingsprogramm.* Berlin: Cornelsen Scriptor.

📖 Rückriem, Georg, Stary, Joachim & Franck, Norbert. (1995). *Die Technik wissenschaftlichen Arbeitens: eine praktische Anleitung.* 9. Aufl. Paderborn; München; Wien; Zürich: Schöningh.

6.1 Die wissenschaftliche Hausarbeit

Hier gehe ich zunächst auf Funktion und Gestaltung der Hausarbeit ein, zweitens stelle ich alle mir wichtig erscheinenden Tipps für die Erstellung einer Hausarbeit zusammen[1]. Und schließlich gebe ich einen kurzen Überblick über einige elementare Textmuster, die vor allem für die Erstellung von Hausarbeiten von Bedeutung sind.

6.1.1 Funktion und Gestaltung

Die schriftliche Hausarbeit gehört zu den etwas komplexeren Formen wissenschaftlichen Arbeitens und stellt damit eine wichtige Vorübung für die Arbeit an der Abschlussarbeit (z.B. Diplomarbeit) dar. Mit der Hausarbeit soll in der Regel die Fähigkeit nachgewiesen werden, die Inhalte der wissenschaftlichen Literatur zu einer gegebenen Fragestellung zusammenzutragen und in selbständig geordneter Form zu reproduzieren. Die schriftliche Hausarbeit bietet also

---

1 Vgl. dazu auch: Sesink 1994, S. 143 ff; Kruse 1997, S. 86 ff; Bünting, Bitterlich & Pospiech 1996, S. 39 - 41.

Raum und Übungsfeld für eine sachgerechte Darstellung, Systematisierung, Diskussion und - wenn möglich - Lösung eines Problems / einer Fragestellung. Es geht nicht lediglich um Auszüge oder Aufzählungen, nicht um kurze Zusammenfassungen oder Inhaltsangaben, sondern um die Entwicklung und Darstellung einiger oder mehrerer Argumente, Forschungsergebnisse, Thesen oder Kontroversen zu einem Thema.

In einer schriftlichen Hausarbeit geht es vor allem darum:

- ein Thema unter einer bestimmten Fragestellung sachgerecht und problemorientiert darzustellen

- wissenschaftliche Literatur kennen zu lernen, einzuordnen und auszuwerten

- die Techniken wissenschaftlichen Arbeitens anzuwenden

Das Verhältnis zwischen *eigenen Gedanken* und (wörtlich oder sinngemäß) zitierten Ideen sollte ausgewogen sein. Im Grundstudium kann der Akzent durchaus noch auf der Reproduktion und auf der Anwendung der Techniken wissenschaftlichen Arbeitens liegen; im Hauptstudium wird mehr Eigenanteil erwartet, der rein reproduzierende Anteil der Textpassagen sollte dann also zurückgehen. Die Vorstellungen der einzelnen Lehrenden sind hierzu oft recht unterschiedlich, deshalb ist eine Vorklärung dringend anzuraten.

Es gibt beim Schreiben wissenschaftlicher Arbeiten zwei entgegengesetzte Vorgehensweisen:

1. Es werden so viele (direkte und indirekte) Zitate wie möglich gesammelt und sortiert. Um sie herum wird dann der eigene Text aufgebaut. Wenn man so verfährt, fällt es oft schwer, sich eine eigene Meinung zu bilden und eine eigene Sprache zu finden. Es entstehen langweilige Texte, die eigentlich überflüssig sind: Alles ist anderswo schon gesagt worden.

2. Man macht sich zunächst selbst ein Bild vom Gegenstand und schreibt es in eigenen Worten nieder. Erst dann wird der eigene Text mit Zitaten, Belegen und Verweisen untermauert.

Es empfiehlt sich, mit beiden Vorgehensweisen zu arbeiten und einen Mittelweg zu suchen. In jedem Fall sollte der Text, den Sie schreiben, ein von Ihnen bewusst gestaltetes, verständliches Produkt mit Aussagewert sein und keine Zitatesammlung mit allenfalls kurzen Überleitungstexten. Zitate, Verweise und Belege sollten immer lediglich die Funktion haben, Ihre Aussagen „zu stützen einzubetten, zu belegen und abzusichern" (Kruse 1997, S. 103).

Wie für jede wissenschaftliche Arbeit, so ist es auch für eine Hausarbeit unabdingbar, dass das Gesagte *nachvollziehbar und nachprüfbar* ist. Es sollte also nicht wild drauflos behauptet werden, sondern auf der Basis von wissenschaftlichen Erkenntnissen, Erfahrungswissen und eigener Interpretation oder Bewertung sachlogisch, nachvollziehbar und nachprüfbar argumentiert werden.

Wissenschaftliches Ergebnis und Meinungsäußerung müssen dabei unterscheidbar bleiben. Eigene Meinungen, eigene persönliche Erfahrungen müssen als solche gekennzeichnet werden. Die referierten und bewerteten wissenschaftlichen Thesen und Erkenntnisse anderer AutorInnen müssen so gekennzeichnet sein, dass sie nachgelesen werden können.

Wieviel eigene Meinung in einem Text angebracht ist, hängt auch vom jeweiligen Textmuster ab. In einem kritischen Essay z.b. ist relativ viel eigene Gedankenführung und Stellungnahme gefragt, in einer kommentierten Textwiedergabe dagegen ein höherer Anteil an referierendem Wiedergeben eines fremden Textes.

Eigene Überlegungen können grundsätzlich an verschiedenen Stellen der Hausarbeit eingebracht werden:

- in der Einleitung: z.b. in Form einer Fragestellung, durch Formulieren des eigenen Interesses am Thema;

- in der zusammenfassenden Stellungnahme oder resümierenden Schlussbemerkung;

- im Hauptteil: Auf darstellende, paraphrasierende Abschnitte können reflexive Passagen folgen, in denen eine persönliche Sicht der Dinge entfaltet wird.

Folgende Fragen sind nach Kruse (1997, S. 110) hilfreich, um eine eigene Position zu finden:

- Wie hätten Sie den Sachverhalt mit Ihrem Vor- oder Alltagswissen erklärt?

- Welchen Erkenntnisgewinn oder -verlust bringt die wissenschaftliche Betrachtungsweise?

- Ist der dargestellte wissenschaftliche Standpunkt plausibel? Welche Zweifel haben Sie?

- Sind die Kernaussagen der dargestellten Theorien oder Positionen in sich stimmig? Wo ergeben sich Widersprüche?

- Wie ist ein Sachverhalt moralisch zu bewerten? Welche ethischen Bedenken haben Sie?

- Welche Einseitigkeiten, Lücken, Mängel haben Sie in der Forschung zu Ihrem Thema entdeckt?

- Ist eine Methode oder eine Verfahrensweise wirksam, begründet, akzeptabel?

Der *Umfang* der Hausarbeit wird nach Seiten bemessen. Er wird im Grundstudium geringer sein als im Hauptstudium. Die Vorstellungen der einzelnen Lehrenden an Universitäten und Fachhochschulen sind recht unterschiedlich, sie liegen nach meiner Erfahrung zwischen 10 und 25 Seiten (reiner Textteil). Meistens genügt es nicht, nur eine Quelle (einen wissenschaftlichen Aufsatz, eine Monographie) unter der gewählten Fragestellung auszuwerten. Falls die jeweiligen DozentInnen ihre diesbezüglichen Vorstellungen nicht mitteilen, sollten Sie sie daraufhin ansprechen.

Einleitung und Schluss
Wie jede wissenschaftliche Arbeit sollte auch die Hausarbeit eine Einführung / Einleitung und eine Schlussbemerkung oder Zusammenfassung enthalten.

Mit der *Einleitung* wird der Text eröffnet. Sie steht damit an exponierter Stelle und bedarf besonderer Aufmerksamkeit. Die Einleitung sollte Kontakt zum Leser / zur Leserin herstellen und zum Weiterlesen animieren. Sie sollte immer folgende Punkte enthalten: Begründung der Themenwahl, der Themeneingrenzung und der Aufgabenstellung; Informationen über den Gegenstand, die Bearbeitungsabsicht und die Vorgehensweise der Arbeit. Die Einleitung kann darüber hinaus auch eine Begründung der angewandten Methoden und einen Überblick über die bisherige Forschungslage enthalten.

Der Schluss kann als *Schlussbemerkung* in Form eines Fazits / oder Ausblicks gestaltet werden und beispielsweise folgende Fragen beantworten:

– Was habe ich bei der Auseinandersetzung mit dem Thema erfahren und gelernt?
– Was war interessant, womit war ich nicht einverstanden?

Der Schluss kann auch als *Zusammenfassung* gestaltet werden. Dabei ist zu beachten, dass eine Zusammenfassung, die diesen Namen verdient, die gesamte Arbeit zusammenfassen muss, nicht nur einen Teil davon.

Tipps für die Erstellung einer Hausarbeit:

Eine Hausarbeit erfordert viel Lese- und Schreibarbeit - und damit einiges an Motivation und Ausdauer. Wählen Sie deshalb aus den vom Dozenten / der Dozentin angebotenen Themen eines aus, das Sie interessiert, das Ihnen ein Anliegen ist. (Oft wächst das Interesse an einem Gegenstand allerdings erst mit der näheren Beschäftigung damit!) Lassen Sie in jedem Fall die Finger von Themen, die Sie persönlich stark tangieren oder belasten; ebenso von Themen, gegen die Sie Abwehr spüren.

Das gewählte Themenfeld sollte Ihnen nicht gänzlich unbekannt sein. Es ist von Vorteil, schon vor Arbeitsbeginn grob zu wissen, was Ihre Fragen zum Thema sein könnten, über welche Aspekte Sie schreiben wollen. Günstig ist auch ein Thema, zu dem Sie schon Vorarbeiten geleistet haben.

Nicht ungünstig ist es, insbesondere im Hauptstudium, ein Thema zu wählen, das eventuell als späteres Prüfungsthema oder Teilaspekt einer Diplomarbeit in Betracht kommt.

Vermeiden Sie globale Themen, deren Grenzen Sie nicht überschauen. Grenzen Sie das Thema sinnvoll ein. (Das ist oftmals ohne Unterstützung durch den Betreuer / die Betreuerin nur schwer möglich.) Formulieren Sie eine möglichst konkrete, bescheidene Fragestellung, die Sie nach eigener Einschätzung Ihrer Leistungsfähigkeit mit großer Sicherheit bewältigen können.

Sprechen Sie die genaue Themenstellung und die Schwerpunkte Ihrer Arbeit (eventuell auch die Gliederung) mit dem Dozenten / der Dozentin ab. Eine nicht unwesentliche Frage ist auch die nach dem Textmuster, das in der Hausarbeit befolgt werden soll. Vergleichen Sie dazu den nächsten Abschnitt.

Klären Sie auch mit dem / der Lehrenden ab, welche Literatur zugrundegelegt werden soll. Oft, aber - vor allem im Grundstudium - nicht immer, wird zusätzlich zu der von den Lehrenden angegebenen Literatur selbständige Literaturrecherche erwartet.

Überprüfen Sie, ob die für die Bearbeitung Ihres Themas benötigte Literatur vor Ort (in der Bibliothek Ihrer Hochschule, in der Stadtbibliothek etc.) zugänglich ist oder käuflich (zu erschwinglichen Preisen) zu erwerben ist. Im Rahmen der Bearbeitungszeit für eine Hausarbeit bleibt oft nicht genügend Zeit für Fernleihen.

Wenn Sie eine Hausarbeit als Gruppenarbeit planen, erfragen Sie unbedingt vorher, ob und unter welchen besonderen Maßgaben Ihr Dozent /Ihre Dozentin Gruppenarbeiten akzeptiert.

Scheuen Sie sich nicht, das Beratungsgespräch mit Ihrem Betreuer / Ihrer Betreuerin zu suchen. Und zwar nicht erst dann, wenn Sie überhaupt nicht mehr weiterwissen! Außerdem ist es sinnvoll sich einen Partner /eine Partnerin zu suchen, der /die an Ihrem Thema interessiert ist und während der Bearbeitungszeit für Ihre Fragen und für Diskussionen zur Verfügung steht.

Notieren Sie von Anfang an grundsätzlich alle benutzten Quellen (mit Seitenangaben!). Sie ersparen sich damit spätere langwierige Sucharbeiten.

Sie ersparen sich böse Überraschungen, wenn Sie sich von vornherein an die Regeln wissenschaftlichen Schreibens halten, an die Konventionen und Darstellungsrichtlinien Ihres Faches bzw. Ihrer Hochschule. Eine inhaltlich noch so perfekte Arbeit kann wegen gravierender formaler Mängel eine schlechte Bewertung erfahren oder gar abgelehnt werden. Beachten Sie gegebenenfalls auch die Richtlinien Ihrer Hochschule für die formale Gestaltung der Hausarbeit (Lay Out, Schrifttypen, Gestaltung des Deckblattes etc.).

Nehmen Sie sich reichlich Zeit für eine gründliche Überarbeitung Ihrer Hausarbeit. Überprüfen Sie zunächst den "roten Faden" der Arbeit: Sind die einzelnen Elemente folgerichtig aufeinander bezogen, oder gibt es Brüche in Ihrer Argumentation? Ist die Gliederung stimmig? Enthält Ihr Text überflüssige Teile oder Wiederholungen? Haben Sie verständlich, präzise und ansprechend formuliert? Verwenden Sie für die Überarbeitung auch die Überarbeitungs-Checkliste aus Kapitel 7.

Planen Sie einen eigenen abschließenden Arbeitsgang ein, in dem Sie sich nur auf die sprachlichen Aspekte Ihrer Hausarbeit konzentrieren. Auch Schwächen in der Formulierung sowie in der Gedankenführung und Argumentation können sich negativ auf die Bewertung einer Hausarbeit auswirken. Ebenso natürlich mangelhafte Rechtschreibung und Zeichensetzung.

Belasten Sie sich aber beim Schreiben nicht von vornherein mit überzogenen Ansprüchen an sprachliche Perfektion. Die Rohfassung sollte rasch und ohne große Skrupel aufs Papier gebracht werden. Sie braucht sprachlich nicht perfekt zu sein!

Halten Sie sich an den gesetzten Abgabetermin (oder setzen Sie sich selbst eine Bearbeitungsfrist). Spekulieren Sie nicht auf Fristverlängerung.

Planen Sie nach Fertigstellung der Rohfassung bzw. nach 2/3 der Bearbeitungszeit eine Bearbeitungspause ein. Geben Sie die Arbeit in dieser Zeit einer Person, die freiwillig (!) bereit ist, sie zu lesen und Rückmeldung zu geben. Manchmal sind auch Betreuer / Betreuerinnen von Hausarbeiten bereit, diese vor der endgültigen Abgabe durchzusehen.

6.1.2 Elementare Textmuster

In diesem Abschnitt wird eine Auswahl von elementaren Textmustern vorgestellt, die zur Strukturierung von Hausarbeiten und anderen wissenschaftlichen Texten geeignet sind[2].

Kommentierte Textwiedergabe / Rezension

Bei diesem Textmuster geht es um die Wiedergabe eines Textes und seine Kommentierung; es eignet sich besonders gut für Hausarbeiten im Grundstudium, weil es sowohl dem Textverständnis dient als auch das Formulieren einer eigenen Meinung fördert. Außerdem werden die Grundfertigkeiten „Paraphrasieren" und „Zusammenfassen" eingeübt.

Eine kommentierte Textwiedergabe/Rezension soll einen Text zunächst so wiedergeben, dass die LeserInnen ein Bild von seinem Inhalt bekommen. Es handelt sich also primär um eine Inhaltsangabe des Textes, wobei beim Auswählen der besprochenen Textabschnitte durchaus nach subjektiven Interessen und Vorlieben gewichtet werden kann und soll. Von einer reinen Zusammenfassung unterscheidet sich die kommentierte Textwiedergabe dadurch, dass sie umfangreicher und selektiver ist, außerdem enthält sie mehr strukturierende Metaaussagen (z.B. „An dieser Stelle belegt die Autorin ihre These mit mehreren eindrucksvollen Beispielen aus ihrer spieltherapeutischen Praxis, auf die ich im Rahmen dieser Arbeit nicht näher eingehen kann.").

Es empfiehlt sich, der Wiedergabe des Inhalts eine Einordnung des Textes in einen übergeordneten Zusammenhang voranzustellen. Diese kann sich nach folgenden Fragen richten:

– In welchem Diskussionszusammenhang ist der Text entstanden?

– Welchem Zweck dient er?

– Wer ist die Autorin / der Autor?

– Welche Rolle spielen Autorin oder Autor in der Wissenschaft, in der Praxis, auf die das Buch Bezug nimmt?

– Welche Positionen vertreten sie; gehen sie auch auf andere Positionen ein?

– Mit welchen Absichten und Zielsetzungen ist die Arbeit geschrieben?

---

2 Hier stütze ich mich vor allem auf Kruse 1997, S. 117 - 128; für Interpretation, Thesenpapier, Protokoll und Bericht auch auf Sesink 1994, S. 125 - 141; Rückriem, Stary & Franck 1995, S. 56 - 83; Stary & Kretschmer 1994, S. 70; Bünting, Bitterlich & Pospiech 1996, S. 24 - 37; Hafner & Wiss 1996, S. 17.

- Für welchen Adressatenkreis ist der Text gedacht?

- Wie kann man sein Entstehen (seinen Inhalt, seine Funktion usw.) historisch, politisch oder fachpraktisch einordnen?

Der zweite Bestandteil einer Rezension / kommentierten Textwiedergabe ist eine wertende Stellungnahme zum dargestellten Text. Sie ist das eigentlich Charakteristische dieses Textmusters, sie enthält die wirklich eigenständige Leistung - und ist auch der schwierigste Teil. Die hier geübte Kritik kann - je nach Kompetenz der Rezensentin oder des Rezensenten - subjektiv gehalten sein (persönliche Meinung) oder aber durch Bezugnahme auf andere wissenschaftliche Arbeiten objektivierend angelegt sein (wissenschaftlich fundiertes Urteil).

Die wertende Stellungnahme kann sich auf folgende Qualitätskriterien wissenschaftlicher Arbeiten beziehen:

- Aufbau und innere Logik des Textes: sind sie stimmig?

- Ist die Fragestellung sinnvoll? Wird die Frage schließlich beantwortet?

- Ist die Arbeit nützlich? Welches ist ihr Erkenntnisgehalt? Was für eine praktische Bedeutung hat sie?

- Ist der empirische Teil der Arbeit nachvollziehbar und sinnvoll?

- Ist die Arbeit originell? Wie ordnet sie sich in die vorhandene Forschung ein?

- Wie ist der Text sprachlich gestaltet: wird überzeugend argumentiert? Ist die Sprache klar und verständlich? Ist das Sprachniveau der Zielgruppe angemessen?

- Gibt es besonders hervorzuhebende Gestaltungselemente (Illustrationen, Fotos, Vignetten, Lay Out)?

Thesenpapier

Das Thesenpapier gibt die Kernaussagen (und die argumentative Struktur) eines Textes oder Themenbereichs ohne alles Beiwerk, möglichst pointiert wieder. Es soll die Auseinandersetzung mit einem Text oder thematischen Zusammenhang erleichtern. Es dient als Grundlage für Diskussionen, als Übung für pointiertes Darstellen von Argumenten und als Mittel zum Klären von Meinungen. Es wird vor allem dort sinnvoll sein, wo strittige oder aktuelle Themen bearbeitet werden sollen.

Eine These ist eine Behauptung, die Widerspruch oder das Verlangen nach einer Begründung provozieren soll. Thesen sollten möglichst kurz und prägnant formuliert sein; und sie bedürfen meist einer Erläuterung. Deshalb sind Thesenblätter besonders geeignet als Grundlage für einen mündlichen Vortrag. Im Rahmen eines Studiums dient das Thesenblatt deshalb auch meistens als Basis für ein Referat in einem Seminar oder für die Diskussion eines Themas in einer Prüfung.

In einem Thesenblatt müssen die Argumente - ausnahmsweise - nicht ausgewogen dargestellt sein. Vielmehr sollten sie zugespitzt, durchaus auch einseitig und provokativ vorgebracht werden. Die formulierten Thesen können die eigene Meinung des Verfassers/der Verfasserin deutlich machen oder sich auf die Meinung anderer AutorInnen beziehen.

Ein Thesenpapier sollte mit einer Einleitung beginnen, in der das Thema vorgestellt wird und eine kurze Erläuterung zu den darauf folgenden Thesen gegeben wird. Ein Thesenpapier sollte auch einen Schlusskommentar aufweisen, der die eigene Position enthält und / oder ein resümierendes Fazit zu den referierten Thesen.

Die Thesen selbst sollten

> knapp formuliert sein. Halbseitige Ausführungen zu einem Punkt sind keine Thesen. Gegebenenfalls kann man Thesen eine Erläuterung beigeben, wenn sie nicht für sich allein verständlich sind. Zur Erläuterung können Begründungen, theoretische Erwägungen oder illustrierendes Material (Statistiken, Belege, Fallmaterial, eigene Erfahrungen usw.) angeführt werden. (Kruse 1997, S. 123 f.)

Im Rahmen wissenschaftlicher Auseinandersetzung, also auch im Rahmen eines Studiums wird in der Regel erwartet, dass Thesenpapiere durch Literatur belegt sind.

Ein Beispiel für ein gelungenes Thesenblatt finden Sie in:

📖 Kruse, Otto (1997). *Keine Angst vor dem leeren Blatt. Ohne Schreibblockaden durchs Studium*. 5. Aufl. Frankfurt / Main; New York: Campus Verlag. S. 123.

Ausführliche Hinweise zur Erstellung eines Thesenblatts können Sie nachlesen in:

📖 Sesink, Werner (1994*). Einführung in das wissenschaftliche Arbeiten ohne und mit PC*. 2., völlig überarb. und aktualisierte Aufl. München; Wien: Oldenbourg Verlag. S. 137 ff.

Thesenblatt und Infoblatt werden oft verwechselt. Dazu mehr im Abschnitt 6.2.4.

Kritischer Essay

Unter einem kritischen Essay wird eine Abhandlung verstanden, in der eine wissenschaftliche Fragestellung in knapper und anspruchsvoller Form erörtert wird. In der Regel geht es darum, eine oder verschiedene wissenschaftliche Positionen kritisch zu reflektieren und zu prüfen. Meistens wird von einem Problem, einer These oder einer strittigen Frage ausgegangen, die diskutiert werden soll.

So könnte beispielsweise über die Frage geschrieben werden, ob aggressives Verhalten biologisch bedingt ist oder im Verlauf der Sozialisation erworben wird. Folgende drei Schritte wären dann sinnvoll:

- Das Problem umreißen und die zentralen Aussagen und wichtigsten Vertreter der biologischen und der sozialisationstheoretischen Positionen nennen.

- Die eigene Position formulieren und kurz begründen (z.B. darstellen, warum eine sozialisationstheoretische Position plausibler erscheint als eine biologische).

- Verschiedene Aspekte des Themas unterscheiden und die Parteinahme für die gewählte Position in jedem dieser Aspekte begründen.

Zur Stützung von Argumenten können Sie auf unterschiedliche Materialien und Vorstellungen zurückgreifen:

- auf wissenschaftliche Materialien wie Statistiken, Daten, Fakten

- auf wissenschaftliche Positionen (Theorien, Meinungen etc.)

- auf Autoritäten Ihres Fachs oder der Wissenschaft allgemein - auf Ihre eigenen Ansichten und Lösungsvorstellungen zu dem Problem

- auf soziale, wissenschaftsethische oder allgemein menschliche Wertvorstellungen (Kruse 1997, S. 125)

Analytische Sachdarstellung

Im Gegensatz zum kritischen Essay geht es bei der analytischen Sachdarstellung nicht primär darum, Argumente zu diskutieren. Vielmehr soll ein Gegenstand oder Sachverhalt unter Verwendung wissenschaftlicher Theorien und Ergebnisse dargestellt, erläutert und erklärt werden. Die analytische Komponente besteht darin, dass der Gegenstand / der Sachverhalt in elementare Einheiten zergliedert wird, die dann in Beziehung zueinander gesetzt werden. Damit sollen seine Beschaffenheit und Struktur, Determinanten und Kausalverhältnisse, Bedingungsgefüge und Dynamiken aufgeklärt werden.

Eine analytische Arbeit zum Thema „Geschlechterdifferentes Verhalten von Vorschulkindern" müsste die wichtigsten Gesichtspunkte unterscheiden und systematisch darstellen, die helfen können, diesen Sachverhalt zu verstehen: z.B.

- geschlechterdifferentes Verhalten als biologisches Phänomen
- geschlechterdifferentes Verhalten aus entwicklungspsychologischer Sicht
- geschlechterdifferentes Verhalten als Ergebnis von Nachahmung und erzieherischer Intervention
- geschlechterdifferentes Verhalten in seiner sozialen Funktion

Wichtig ist dabei, dass die einzelnen Aspekte sinnvoll strukturiert und systematisiert werden und dass die dargestellten Zusammenhänge und Behauptungen durch empirische Informationen und Belege gestützt werden.

Eine analytische Sachdarstellung erfordert, dass die behandelte Fragestellung sorgfältig und klar eingegrenzt wird und dass das auszuwertende wissenschaftliche Material überschaubar bleibt (- und zur Verfügung steht!).

Interpretation

Interpretation ist eine Methode des Sinnverstehens, die im Zusammenhang mit dem Begriff Hermeneutik in den geistes- und sozialwissenschaftlichen Disziplinen entwickelt worden ist. Unter Hermeneutik verstehen wir heute die Lehre vom Verstehen, Auslegen und Interpretieren von Texten aller Art, von Kunstwerken und sozialen Sachverhalten. Es handelt sich im Wesentlichen um einen Konstruktionsprozess. Bei der Interpretation, also der Erschließung der Bedeutung eines Textes oder einer anderen menschlichen Äußerung, wird nicht nur auf die Bedeutung der (sprachlichen) Zeichen oder Gesten geachtet, sondern auch auf die Individualität und Intentionen des Autors/Urhebers. Darüber hinaus werden die Äußerungen in einem übergeordneten Zusammenhang betrachtet.

Im Zusammenhang mit der Textsorte Interpretation geht es in der Regel darum, die Aussage (Wirkung, Bedeutung, Sinn, Struktur usw.) eines Werkes oder sozialen Sachverhalts zu verstehen. Damit ist das Nachvollziehen oder Ergründen dessen gemeint, was die Urheberin oder der Urheber mit einem Werk (einer Dichtung, einem wissenschaftlichen Text, einem Bild, einem Musikstück, einer Skulptur usw.) oder einer Verhaltensweise zum Ausdruck bringen wollte. Darüber hinaus geht es darum das Werk / den sozialen Sachverhalt in einen größeren theoretischen, gesellschaftlichen oder historischen Sinnzusammenhang einzuordnen und damit zu einem tieferen Verständnis zu gelangen.

In geistes- und sozialwissenschaftlichen Studiengängen wird im Grundstudium zunächst meistens das Interpretieren von literarischen oder wissenschaftlichen Texten abgefordert. Oft wird die Interpretation mit einer vorgängigen Textanalyse verbunden, oft auch sind beide Arbeitsweisen - Analysieren und Interpretieren - ineinander verschränkt. Beim Interpretieren von wissenschaftlichen Texten kommt es zunächst darauf an, den Text in seine zentralen Aussagen oder Behauptungen zu zerlegen. In einem zweiten Schritt werden die einzelnen Elemente oder Aspekte für sich betrachtet und interpretiert, d.h. sie werden auch im Licht übergeordneter Zusammenhänge betrachtet. Eine Textinterpretation gibt damit den Studierenden auch Gelegenheit, bereits vorhandenes Hintergrundwissen einzubringen und eine kritische Perspektive zum Gegenstand der Interpretation zu entwickeln.

Berichte und Protokolle

Mit einem *Bericht* wird Realität reproduziert; es wird also etwas festgehalten, was getan, gesehen, gelesen, ausprobiert, erdacht, entdeckt, bearbeitet oder untersucht worden ist. Der Bericht soll darüber informieren, wie bestimmte Handlungen oder Ereignisse im Einzelnen zustande gekommen sind, wie das Ergebnis aussieht und wie dieses zu bewerten ist. Neben der bloßen Information über das Vorgefallene, kann ein Bericht auch Hintergründe näher beleuchten und Zusammenhänge erklären. Berichte enthalten in der Regel auch Reflexionen, Bewertungen und Thesen; ebenso können Gefühle, Empfindungen und Erlebnisse einfließen. Das wird beispielsweise dann der Fall sein, wenn über die Erfahrungen in einer Selbsterfahrungsgruppe oder in einer Praktikumsstelle berichtet wird.

Berichte basieren überwiegend auf Beschreibungen und Schilderungen. Meist sollen sie - sofern im Rahmen eines Studiums erstellt - überwiegend in sachlicher Form abgefasst werden. Das heißt jedoch nicht, dass persönliche Erlebnisse, Gefühlsregungen und Stellungnahmen außen vor bleiben müssen.

Berichte müssen präzise und vollständig sein, sie müssen für sich stehen und keiner Ergänzung bedürfen. Die Lesenden sollen anhand des Berichts etwas nachvollziehen können, was sie selbst nicht erlebt haben. Wenn Bewertungen und Interpretationen vorgenommen werden oder wenn eine bestimmte Auswahl getroffen wird, müssen dafür die Kriterien benannt werden.

Protokolle sind Berichte in standardisierter Form. Sie dienen der Information über ein Ereignis, wie z.B. eine Sitzung, ein Experiment, ein Gespräch, eine Lehrveranstaltung oder eine Prüfung.

Ein Protokoll soll knapp, exakt und sachlich informieren, ohne zu bewerten oder zu interpretieren. Es dokumentiert entweder den Verlauf eines Ereignisses (Verlaufsprotokoll) oder dessen wichtigste Ergebnisse (Ergebnisprotokoll). Jedes Protokoll muss folgende Angaben enthalten: Anlass, Ort, Datum, Uhrzeit, beteiligte Personen, ungewöhnliche Ereignisse (z.B. Unterbrechungen).

Im Rahmen eines Studiums wird zuweilen ein Protokoll einer Seminarsitzung angefertigt. Der /die Protokollierende soll über Inhalte, Verlauf und Ergebnisse der Sitzung informieren (in der Regel Mischung aus Verlaufs- und Ergebnisprotokoll). Dabei sollte nicht wörtlich mitgeschrieben werden, denn der Sinn eines solchen Protokolls liegt meist weniger in der chronologischen Nachzeichnung jedes Details einer Sitzung als vielmehr in der Strukturierung der vorgetragenen Inhalte, Diskussionsbeiträge und Diskussionsergebnisse. Dokumentiert wird nur, was inhaltlich relevant ist, also keine Zwischenbemerkungen, Witze oder dergleichen.

Protokolle sind auch in der Forschung, vor allem in der experimentellen Forschung von Bedeutung. Hier haben sie die Aufgabe, Forschungsexperimente exakt zu dokumentieren, also Untersuchungsaufbau, Untersuchungsschritte, Methoden, Messoperationen, Ergebnisse etc. Forschungsprotokolle sollen so abgefasst sein, dass auch nicht anwesende Personen über die Ereignisse, Handlungen und angestellten Überlegungen objektiv informiert werden und die durchgeführten Experimente und Gedankengänge nachvollziehen können. Auf Zusätze, Umstellungen, Zusammenfassungen, Interpretationen und Bewertungen ist dabei zu verzichten.

Näheres über die formale Ausgestaltung und die verschiedenen Arten des Protokolls ist nachzulesen in:

📖 Sesink, Werner (1994). *Einführung in das wissenschaftliche Arbeiten ohne und mit PC.* 2., völlig überarb. und aktualisierte Aufl. München; Wien: Oldenbourg Verlag.

📖 Bünting, Karl-Dieter, Bitterlich, Axel & Pospiech, Ulrike (1996). *Schreiben im Studium. Ein Trainingsprogramm.* Berlin: Cornelsen Scriptor. S. 28 ff.

📖 Rückriem, Georg, Stary, Joachim & Franck, Norbert (1995). *Die Technik wissenschaftlichen Arbeitens: eine praktische Anleitung.* 9. Aufl. Paderborn; München; Wien; Zürich: Schöningh.

6.2 Das Referat

Vielen Studierenden bereitet es Unbehagen, vor einer größeren Gruppe eine Rede zu halten. Ein Grund dafür ist, dass sie zu viel von sich erwarten. Sie bedenken nicht, dass man das Referieren erst lernen muss und auch lernen kann - genau wie das wissenschaftliche Schreiben auch. Es gibt viele Techniken und Tipps, die helfen, ein informatives und interessantes Referat auszuarbeiten und zu halten. Worauf es in der Vorbereitung und beim Vortrag ankommt, erfahren Sie in diesem Abschnitt[3].

Wenn Sie darüber hinaus Tipps für den Umgang mit Lampenfieber und anderen seelischen Nöten brauchen, schlagen Sie nach bei:

📖 Franck, Norbert. (1998). *Fit fürs Studium. Erfolgreich reden, lesen, schreiben.* München: Deutscher Taschenbuch Verlag. S. 154 - 165.

6.2.1 Funktion des Referats

Das Referat gehört zu den wichtigsten mündlichen Studienleistungen - nicht zuletzt deshalb, weil es in fast jedem akademischen Beruf zum Alltag gehört, auch einmal Vorträge zu halten oder kurze Statements abzugeben. Zweck eines Referats im Studium ist es, die Kommilitoninnen und Kommilitonen über ein Fach- bzw. Sachthema zu informieren und zur Diskussion und zum Nachdenken anzuregen. Vorgetragen wird auf der Grundlage eines ausgearbeiteten Manuskripts oder eines Stichwortmanuskripts.

---

3 Hier stütze ich mich vor allem auf Franck 1998, S. 129 - 153; Sesink 1994, S. 133 ff.; Bünting, Bitterlich & Pospiech 1996, S. 34 ff.

Referieren bedeutet wiedergeben. Meist geht es in einem wissenschaftlichen Referat darum, wissenschaftliche Literatur, also einen oder mehrere wissenschaftliche Texte (Forschungsergebnisse, Theorien, Thesen) in Kurzform wiederzugeben. Dabei sollte der Aussagegehalt der referierten Texte so exakt und getreu wie möglich wiedergegeben werden. Persönliche Bewertungen und Interpretationen sollten die Auswahl und Darstellung nicht vorweg beeinflussen und müssen unbedingt als solche kenntlich gemacht werden.

Manche Dozenten und Dozentinnen erwarten von einem Referat, vor allem im Hauptstudium, dass die (angegebene oder vereinbarte) wissenschaftliche Literatur nicht lediglich referiert (und bewertet) wird, sondern dass diese unter einer bestimmten Fragestellung ausgewertet wird, dass also z.B. eine analytische Sachdarstellung geleistet wird. Manchmal wird auch eine kommentierte Textwiedergabe verlangt.

Unbedingt also vorher abklären, was genau erwartet wird! Das ist auch in Bezug auf die Redezeit und zusätzliche schriftliche Ausarbeitungen zu empfehlen.

In der ersten Phase der Vorbereitung auf ein Referat sind all die Arbeitsschritte erforderlich, die auch für schriftliche Hausarbeiten relevant sind: Recherchieren, Lesen, Exzerpieren, korrekt Zitieren und Belegen, Gliedern, „roten Faden" erstellen.... Auch Kenntnisse über Textsorten und formale Konventionen des wissenschaftlichen Arbeitens sind wichtig (vgl. auch Kapitel 5 und 7).

Das Referat unterscheidet sich von der Hausarbeit vor allem dadurch, dass der kommunikative Kontext ein anderer ist: Das Referat muss auf die Zuhörenden, in der Regel sind das Studierende, zugeschnitten werden. Außerdem ist das Referat durch einen bestimmten Zeitrahmen begrenzt: Es dauert in der Regel 20 bis allerhöchstens 45 Minuten (10 bis 20 Minuten - zusätzlich! - für die sich anschließende Diskussion und Fragen). Entsprechend muss der Umfang des Manuskripts auf die zur Verfügung stehende Redezeit abgestimmt werden.

6.2.2   Vorbereitung und Gestaltung des Vortrags

▪ **An die Zuhörerinnen und Zuhörer wenden**

Schon bei der Vorbereitung ist es unerlässlich, an die Zuhörerinnen und Zuhörer zu denken, und das sind im Fall eines Referats an der Hochschule die KommilitonInnen, nicht der Seminarleiter. Ein Referat muss nicht nur inhaltlich stimmig sein, Sie müssen auch die Vorkenntnisse, Interessen und Aufnahmefähigkeit der Zuhörenden berücksichtigen; diese also weder mit zu viel Neuem und zu komplexem Stoff überfordern noch mit längst Bekanntem langweilen.

Während des Vortrags

– sollten Sie langsam, deutlich und gut betont sprechen, sich konsequent den Zuhörenden zuwenden und auf deren Reaktionen achten. Also möglichst wenig ablesen und eher eine Gesprächshaltung einnehmen. Kleben Sie nicht an Ihrem Konzept, weichen Sie wenn nötig kurz davon ab, um z.B. zusätzliche Erläuterungen einzuflechten.

– Manchmal macht es Sinn, den Erkenntnisprozess, den Sie bei der Vorbereitung durchlaufen haben, für die Zuhörenden nachvollziehbar zu machen. Weisen Sie auf kontroverse Diskussionen und offene Fragen hin. Beziehen Sie die Zuhörenden ein, machen Sie sie neugierig; dann werden diese Ihnen gespannt folgen, Fragen stellen und sich in die Diskussion einbringen

– Besonders wichtige Aussagen können durchaus wiederholt werden; wenn bestimmte Formulierungen wichtig sind, ruhig auch mit denselben Worten. Nach Abschluss eines Gedankenganges ist es manchmal angebracht, jeweils eine kurze Zusammenfassung der wesentlichen Aussagen zu bringen (ca. nach jeweils zehn Minuten Vortragszeit).

– Trennen Sie deutlich zwischen referierten Aussagen und Ihren eigenen Interpretationen, Thesen und Bewertungen. Dazu gehört auch, dass Sie bei wörtlichen Zitaten Anfang und Ende des Zitats deutlich machen und den Autor nennen. Um den Redefluss nicht zu oft durch „ich zitiere", „Zitatanfang", „Zitatende" zu unterbrechen, zitieren Sie nicht zu oft und nicht zu lange.

– Halten Sie die Redezeiten ein. Ein noch so gutes Referat verliert, wenn keine Zeit für Rückfragen und Diskussion bleibt.

– Unterschätzen Sie nicht den Stellenwert der Qualität der Vermittlung. Ein inhaltlich hervorragend präpariertes, differenziertes und wissenschaftlich kluges Referat ist nicht viel wert, wenn es miserabel präsentiert wird. Wenn Sie ohne Punkt und Komma 45 Minuten lang aus Ihrem ausformulierten Manuskript vorlesen, dann war die Mühe der Vorbereitung möglicherweise vergeblich.

■ **Klare Struktur: Einleitung, Hauptteil, Schluss**

Der Einstieg muss stimmen, er soll motivieren und orientieren durch eine *Einleitung* in vier Schritten:

– *Interesse wecken*: Schon die ersten Sätze müssen Interesse und Aufmerksamkeit wecken, zum Beispiel durch ein originelles Zitat oder Motto, eine provokante Frage oder These, eine in sich widersprüchliche Aussage, einen kurzen Erlebnisbericht oder das Aufgreifen eines aktuellen Ereignisses. In jedem Fall sollten diese „Ohrenöffner" wirklich zum Thema passen und auf dieses einstimmen. Achtung: Beginnen Sie auf keinen Fall mit der Definition von Begriffen!

– *Thema und Ziele erläutern:* Umschreiben Sie Ihr Thema in einem oder einigen wenigen Sätzen so, dass sich die Zuhörenden schon etwas darunter vorstellen können. Damit diese das Gehörte einordnen und bewerten können, erläutern und begründen Sie auch, welche(s) Ziel(e) Sie mit Ihrem Referat verfolgen und welche(s) nicht. Auch die Literatur (AutorInnen und Titel), auf die Sie sich stützen, sollte genannt werden. Fortgeschrittene werden eventuell auch eine kurze Orientierung über den Forschungsstand sowie Hinweise auf weiterführende Literatur geben.

– *Überblick geben*: Man kann Ihnen leichter folgen, wenn Sie den Ablauf Ihres Vortrags umreißen (Gliederung z.B. auf Folie, Infopapier oder Wandtafel). Teilen Sie Ihren ZuhörerInnen auch mit, wie lange Sie in etwa sprechen werden.

– *Zusammenhänge herstellen*: Informieren Sie auch darüber, wie sich Ihr Referat in den Gesamtzusammenhang des Seminarthemas einordnet, inwiefern Sie einen bestimmten Sachverhalt vertiefen oder einer schon behandelten Position widersprechen.

Beim *Hauptteil* kommt es vor allem auf folgende Punkte an:

– *Konzentration auf das Wesentliche, klare Struktur*: Überhäufen Sie die Zuhörenden nicht mit zu vielen Fakten und unwichtigen Details. Setzen Sie nicht fünf Schwerpunkte, sondern nur einen oder zwei. Konzentrieren Sie sich auf das Wesentliche, strukturieren Sie klar, machen Sie immer wieder Ihren „roten Faden" deutlich. Nur dann kann man Ihrer Argumentation gut folgen.

– *Verständlichkeit*. Reden Sie nicht wie ein Buch. Bemühen Sie sich in besonderer Weise um Verständlichkeit, sodass die Zuhörenden Sie auf Anhieb verstehen können. (Ein zusätzlicher Vorteil für Sie selbst: Zwischen Ihrem Vortrag und frei gesprochenen Passagen gibt es keine Brüche im Sprachstil.) Formulieren Sie kurze Sätze mit maximal 20 Wörtern. Erklären Sie Fachbegriffe, bringen Sie aber möglichst wenig lange Definitionen und komplizierte Zitate, gehen Sie sparsam mit Fremdwörtern und Abkürzungen sowie mit Zahlen und Statistiken um (ohne schriftliche Vorlage schwer zu verstehen und zu behalten!).

– *Anschaulichkeit*. Bringen Sie „Leben" in Ihr Referat: durch anschauliche Formulierungen, rhetorische Fragen und Beispiele oder durch Bezüge zu aktuellen Ereignissen. Auch Medien leisten hier gute Dienste.

Auch der *Schluss* muss stimmen: Kündigen Sie ihn an, das mobilisiert noch einmal die Aufmerksamkeit des Publikums. Greifen Sie dann die Hauptaussagen Ihres Vortrags auf, und runden Sie ab mit einer Schlussfolgerung, einem Ausblick oder mit einem einprägsamen Bild oder Motto. Formulieren Sie offene Fragen und Probleme, um auch Anstöße für die Diskussion zu geben.

6.2.3 Das Vortragsmanuskript

Es ist in jedem Fall sinnvoll, sich bei einem Vortrag auf eine schriftliche Ausarbeitung zu stützen. Diese kann - je nach den Bedürfnissen und Voraussetzungen des Vortragenden - wörtlich ausgearbeitet sein oder nur Stichpunkte enthalten. Auch eine Mischung ist möglich.

Das ausformulierte Manuskript

Das ausformulierte Manuskript gibt vor allem Anfängerinnen und Anfängern die gewünschte Sicherheit. Wenn Sie sich für diese Form entscheiden, bedenken Sie, dass sich Geschriebenes in der mündlichen Rede oft steif anhört oder schwer verständlich ist. Um sicherzugehen, dass Sie richtig liegen, können Sie sich Ihren Vortrag z.B. per Tonbandaufnahme anhören oder auch Testpersonen einsetzen.

Bei der *Gestaltung des Manuskripts* beachten Sie folgende Punkte:

- Ob mit der Hand, mit Schreibmaschine oder Computer: Schreiben Sie in jedem Fall leserlich und groß (am PC ca. Schriftgröße 14, Zeilenabstand 1,5).

- Gestalten Sie jede einzelne Seite übersichtlich. Heben Sie die Gedanken optisch deutlich voneinander ab. Untergliedern Sie den Text mit großzügigen Absätzen und markanten Überschriften, setzen Sie auch unterschiedliche Farben oder Schriftarten ein (z.B. für Definitionen oder Zitate). Gehen Sie aber mit Hervorhebungen nicht zu verschwenderisch um, sonst geht der Effekt verloren. Lassen Sie auf der rechten Seite der (nur einseitig beschriebenen!) Blätter einen breiten Rand. Das hat zwei Vorteile: Erstens überblicken Sie kurze Zeilen rascher und zweitens

- haben Sie Platz für Randnotizen, z.B. für Handlungsanweisungen wie „Folie auflegen" oder „Overhead-Projektor ausschalten".

- Sie können in Ihrem Manuskript auch Hinweise für das Sprechen anbringen (mit bestimmter Farbe oder Symbolen): z.B. ___ = betonen, // = Pause).

- Für den - öfter vorkommenden - Fall, dass die Zeit knapp wird, markieren Sie sich auch gleich Textstellen, die Sie dann gegebenenfalls weglassen können.

- Damit Sie im Falle eines Falles immer wissen, auf welche Quelle Sie sich mit welcher Aussage beziehen, halten Sie - genau wie in jeder Hausarbeit auch - die Regeln wissenschaftlichen Arbeitens ein (direkte und indirekte Zitate belegen, Literaturverzeichnis erstellen etc.).

Die *Nachteile* eines wörtlich ausgearbeiteten Manuskripts liegen auf der Hand:

Die Versuchung abzulesen und dabei zu schnell und monoton zu sprechen ist groß! Der Blickkontakt zu den Zuhörenden ist oft nur schwer zu halten.

Manche Dozenten und Dozentinnen verlangen zusätzlich zum Vortrag eine *schriftliche Ausarbeitung des Referats*, damit sie das Referierte noch einmal in Ruhe nachvollziehen und überprüfen können. Eine solche Ausarbeitung unterscheidet sich formal nicht von einer Hausarbeit. Also auch hier an die Regeln wissenschaftlichen Arbeitens denken.

Das Stichwortmanuskript

Meistens wird ein Stichwortmanuskript auf der Grundlage eines ausgearbeiteten Manuskripts erstellt. (Nur sehr geübte Redner können ihr Konzept ohne diese Zwischenstufe gleich in Stichworten ausführen!) Es ist praktisch, DIN-A5-Karteikarten zu verwenden und sie nur auf einer Seite übersichtlich zu beschreiben (Für jeden neuen Gedanken: eine neue Karte; große Schrift). Auch in einem Stichwortmanuskript sollten bestimmte Textstellen grundsätzlich ausformuliert werden, vor allem Definitionen oder Zitate mit Quellenangabe.

Wenn man darüber hinaus wichtige Passagen (z.B. Einleitung und Schluss), zentrale Thesen oder ganz bestimmte Formulierungen in vollem Wortlaut notiert, hat man eine *Mischform* zwischen ausgearbeitetem Manuskript und Stichwortkonzept.

Es gibt eine weitere m. E. sehr praktische und nicht zu arbeitsintensive Mischform, geeignet vor allem für weniger geübte Redner, also für viele Studierende gerade zu Beginn des Studiums: Auf dem ausformulierten Manuskript wird rechts ein etwa sieben cm breiter Rand frei gelassen, in den man dann parallel zum Text die Stichworte schreibt. So kann man beim Referieren nach Stichworten reden und bei Bedarf auf den ausformulierten Text zurückgreifen.

6.2.4 Einsatz von Medien und Handout

Es ist üblich, den Zuhörenden vor dem Vortrag ein so genanntes *Handout*, in diesem Fall ein Info- oder Thesenpapier, auszureichen. Es erleichtert die Konzentration auf den Vortrag, gibt die Möglichkeit, wichtige Informationen oder Thesen nachzulesen, und es entlastet vom Mitschreiben.

Das *Infopapier* ist faktenorientiert, es enthält wichtige Begriffe und Zitate, Namen, Zahlen, Daten, Formeln und Literaturhinweise.

Das *Thesenpapier* dagegen enthält pointierte Behauptungen, die im Anschluss an ein Referat zur Diskussion anregen sollen (vgl. Abschnitt 6.1.2: „Elementare Textmuster").

Im Seminaralltag ist auch eine *Mischform* verbreitet, auf der sowohl wichtige Informationen als auch die wichtigsten Thesen des Referenten nachzulesen sind.

Ob Thesenpapier, Infopapier oder Mischform: das Handout sollte

- maximal drei Seiten umfassen, übersichtlich gestaltet sein und Platz für individuelle Notizen der Zuhörer bieten. Es sollte kurz und knapp, aber überwiegend in ganzen Sätzen formuliert sein.

- Es ist wichtig, sich dabei an der Gliederung des Vortrags zu orientieren und auch vom Wortlaut her nicht zu stark abzuweichen - sonst verwirrt es und lenkt ab.

- Auch muss immer ersichtlich sein, wer der Referent/die Referentin ist und wann, wo und in welchem Zusammenhang er/sie referiert

- Auch hier die Regeln wissenschaftlichen Arbeitens nicht vergessen: direkte und indirekte Zitate, Begriffsdefinitionen etc. müssen belegt werden, die verwendete Literatur muss angegeben werden.

Einsatz von Medien

Durch den Einsatz von Medien können Sie Ihr Referat wirkungsvoll unterstützen und komplexe Zusammenhänge veranschaulichen.

Wandtafel

Auf diesem klassischen Medium können Sie Orientierungshilfen bereitstellen, z.B. indem Sie während des Vortrags wesentliche Punkte festhalten oder komplexe Zusammenhänge visualisieren. Dabei aber den Zuhörenden nicht zu lange den Rücken zuwenden!

Overhead-Projektor

Der Overhead-Projektor hat den Vorteil, dass Sie sich während der Präsentation von Folien nicht von den Zuhörenden abwenden müssen.

Tipps für die *Gestaltung von Folien*:

- Überfrachten Sie die Folien nicht, nehmen Sie nur wichtige Informationen auf: nicht mehr als sieben Aussagen insgesamt, nicht mehr als sieben Wörter pro Zeile, ausreichend Abstand zwischen den Zeilen. Lassen Sie einen Teil der Folie frei (an allen Seiten einen breiten Rand).

- Geben Sie Ihren Folien eine klare Struktur: Gliedern Sie Textinformationen durch Ziffern, Spiegelstriche oder andere typographische Elemente. Heben Sie das Wichtigste auch optisch hervor durch (Schrift-)Größe, Farbe und Platzierung auf dem Blatt. Gehen Sie aber mit Farbe und typographischen Zeichen überlegt und gezielt um (nicht zu bunt, nicht zu unruhig).

- Wählen Sie gut lesbare Schriften und Schriftgrößen: Die Buchstaben sollten mindestens einen halben Zentimeter groß sein. Für die Foliengestaltung auf dem Computer bedeutet das: ca. 18 bis 30 Punkt.

Beim Einsatz von *Folien*

- sollten Sie Blickkontakt zum Publikum halten, also nicht zur Projektionsfläche sprechen.

- Beim Auflegen bzw. Wechseln der Folien Sprechpausen einlegen (Folie zuerst auf die Betrachter wirken lassen).

- Nach der Erläuterung jeder Folie (Zeit lassen für Notizen!) schalten Sie den Projektor aus, es sei denn, Sie zeigen gleich die nächste Folie.

– Verwenden Sie Folien möglichst sparsam und gezielt. Nehmen Sie sich nicht den Professor zum Vorbild, der im Zwei-Minuten-Takt Folien auflegt.

6.3 Die Diplomarbeit

Es gibt keinen grundsätzlichen qualitativen Unterschied zwischen einer Hausarbeit im Hauptstudium und einer Diplomarbeit, nur sind die Ansprüche an eine Diplomarbeit in allen Punkten höher als die an eine Hausarbeit. Im Wesentlichen gilt für die Erstellung einer Diplomarbeit auch das, was für die Erstellung einer Hausarbeit gilt[4]. Studieren Sie also an dieser Stelle noch einmal aufmerksam den Abschnitt 6.1.

6.3.1 Funktion

Am Schluss eines Hochschulstudiums wird in der Regel innerhalb einer bestimmten Frist eine größere, komplexere wissenschaftliche Arbeit - eine Diplomarbeit, Magisterarbeit oder Examensarbeit - angefertigt. Mit dieser soll die Fähigkeit nachgewiesen werden, eine (gestellte) Aufgabe aus dem Studienfach theoretisch fundiert und methodisch angemessen selbständig zu bearbeiten und die Ergebnisse sachgerecht darzustellen.

In der Diplomarbeit soll der produktive Anteil möglichst hoch sein, das heißt die reproduktiven und referierenden Anteile sollen zugunsten der Produktion von Problemlösungen zurücktreten. Mit der Diplomarbeit sollen Sie beweisen, dass Sie in der Lage sind, mit Hilfe theoretischer Grundlagen und wissenschaftlicher Methoden zu konkreten Fragestellungen eines bestimmten Themenbereichs oder Tätigkeitsfeldes selbständige Denkansätze und Lösungsstrategien zu produzieren.

Vor allem, aber nicht nur im Rahmen eines Fachhochschulstudiums empfiehlt es sich, praktisch-berufsbezogene Fragestellungen zu wählen. Mit einem Thema, das einen Bezug zu Ihrer späteren Berufspraxis hat, können Sie Qualifikationen unter Beweis stellen, die Ihre Chancen auf dem Arbeitsmarkt möglicherweise erhöhen. Ausschließlich theoretische Arbeiten sind eher an Universitäten üblich.

Manchmal werden Themen von den Dozenten oder Auftraggebern aus der Berufspraxis vorgeschlagen. Prüfen Sie in jedem Fall, ob das vorgegebene oder von Ihnen selbst in Erwägung gezogene Thema Ihren Interessen und Fähigkeiten entspricht. Und klären Sie immer zuallererst ab, ob das in Aussicht genommene Thema von einem Ihrer Hochschullehrer akzeptiert wird.

---

4 Vgl. zur Diplomarbeit auch Rückriem, Stary & Franck, S. 67 - 83; Sesink 1994, S. 143-147; von Werder 1995a, S. 66.

Von Vorteil für die Qualität einer Diplomarbeit ist immer, wenn Sie schon einschlägige Vorarbeiten z.B. in Form einer Hausarbeit oder eines Referats geleistet haben oder in dem gewählten Bereich bereits über Praxiserfahrung verfügen.

Vermeiden Sie in jedem Fall globale Themen, deren Grenzen Sie nicht überschauen. Formulieren Sie ein bescheidenes, überschaubares, gut eingrenzbares Thema, das Sie - nach eigener und realistischer Einschätzung Ihrer Leistungsfähigkeit und Kompetenz - mit großer Wahrscheinlichkeit auch bewältigen können.

Die genaue Formulierung des Themas muss im Benehmen mit dem Betreuer der Diplomarbeit (Erstgutachter) formuliert werden.

Versuchen Sie nicht, das Rad neu zu erfinden. Stützen Sie sich auf die bisher dokumentierten wissenschaftlichen Erkenntnisse zu Ihrer Fragestellung. In Ihrer Abschlussarbeit sollen Sie zeigen,

– dass Sie die für Ihr Thema relevanten Zusammenhänge des Faches überblicken und in der Lage sind, vorhandene Erkenntnisse und Theorien kritisch zu reflektieren;

– dass Sie die Fähigkeit besitzen, wissenschaftliche Methoden (z.B. Datenerhebungs- und Auswertungsmethoden, statistische Prüfverfahren) anzuwenden, die Ihrer Fragestellung angemessen sind;

– dass Sie die Ergebnisse sachlogisch, nachvollziehbar und nachprüfbar darstellen können;

– dass Sie die Inhalte verständlich, klar, präzise und ansprechend formulieren können.

6.3.2 Aufbau

Wie die meisten wissenschaftlichen Arbeiten besteht auch die Diplomarbeit in der Regel aus Einleitung, Hauptteil und Schluss. Dabei wird Gewichtung und Ausgestaltung der einzelnen Teile von der jeweiligen Themenstellung und dem methodischen Vorgehen der Arbeit abhängen. Eine theoretische Arbeit z.B. folgt einer anderen Sachlogik als eine experimentelle, was sich selbstverständlich auch auf die Grob- und Feinarchitektur der Arbeit auswirkt.

Einleitung
Am Beginn der Arbeit sollte eine Einleitung stehen, die in das Thema einführt. Sie sollte folgende Punkte enthalten:

– Problemaufriss (Hinführung zur Problemstellung z.B. durch Herstellen aktueller Bezüge, Skizzieren des Problems)

– Präzisierung und Begründung der Fragestellung / des Erkenntnisinteresses

– Eingrenzung des Themas und Begründung der Eingrenzung

- Forschungslage (Überblick über wichtigste Literatur zur eingegrenzten Thematik)

- Skizzierung des Gedankengangs und des methodischen Vorgehens (Welcher Weg wird wie beschritten, um die Fragestellung zu diskutieren, zu beantworten?)

Wie jede Einleitung sollte auch die Einleitung einer Diplomarbeit Kontakt zum Leser herstellen und zum Weiterlesen animieren. Schon deshalb ist es sinnvoll, sie nach Fertigstellung der restlichen Arbeit zu schreiben bzw. kritisch zu prüfen und sie gegebenenfalls umzuschreiben oder zu überarbeiten. Das bietet sich auch aus inhaltlichen Gründen an: Der Überblick über die gesamte Arbeit und deren Gedankenführung ist zu diesem Zeitpunkt oft leichter herzustellen als zu Beginn der Arbeit.

Hauptteil
Im Hauptteil findet die ausführliche Bearbeitung der Fragestellung statt. Diese kann folgende Teile enthalten:

- Entfaltung der Hypothesen
- Darstellung der Methoden
- Beschreibung der methodischen Vorgehensweise
- Präsentation und Diskussion der Ergebnisse

Dabei kommen verschiedene Grundformen der Darstellung zur Anwendung: z.B. Referieren, Reflektieren, Beschreiben, Analysieren, Interpretieren, Diskutieren.

Je nach Themenstellung und Vorgehensweise sind u.a. folgende Gliederungsstrategien zweckmäßig. (Diese gelten auch für einzelne Kapitel oder Abschnitte und selbstverständlich auch für Hausarbeiten):

- Vom Allgemeinen zum Besonderen (deduktives Vorgehen)

- Vom Besonderen zum Allgemeinen (induktives Vorgehen)

- Nach der Zeit (Chronologie, Epochen, Zeitabschnitte)

- Nach Ursachen und Wirkungen (Ursache 1, Wirkung 1, Ursache 2, Wirkung 2; Ursachen, Wirkungen; oder zuerst die Wirkungen, dann die Ursachen)

- Nach Gleichheit und Unterschieden (Gleich 1, Gleich 2, Ungleich 1, Ungleich 2; Gleich, Ungleich)

- Aufzeigen von Wandel /Entwicklungen (Erst so, dann so, schließlich so; Ausgangslage, Krise/Problem, Lösung der Krise /des Problems)

- These, Antithese, Synthese

- Ganzes / Teile des Ganzen (Ganzes, Teil 1, Teil 2, Teil 3) oder umgekehrt (Teil 1, Teil 2, Teil 3, Ganzes)

- Systematik (Analyse / Synthese; Darstellung / Kritik; Systematische Sachlogik)
- Nach Wichtigkeit (wichtig bis weniger wichtig oder umgekehrt).

Schluss

Aus der Überschrift über dem Schlussteil soll ersichtlich sein, ob es sich um

- eine Zusammenfassung oder Interpretation der in der Arbeit vorgelegten Ergebnisse handelt,

- eine aus der Arbeit entwickelte These (Fazit, Schlussfolgerungen, Resumée)

- um einen Ausblick und/ oder um Fragen, die offen geblieben sind oder um weiterführende Fragen, die interessant erscheinen.

Der Schluss muss sich auf die gesamte Arbeit und nicht lediglich auf einen Teil (z.B. das Schlusskapitel) der Arbeit beziehen. Außerdem sollte der Schluss auf die Einleitung rückbezogen werden: Fragen, die in der Einleitung gestellt worden sind, sollten hier - möglichst mit Bezug auf den Diskussionsverlauf im Hauptteil - beantwortet werden, bzw. es sollten die Ergebnisse der Diskussion zusammengefasst werden.

Nähere Angaben zum *formalen* Aufbau der Diplomarbeit und den formalen Konventionen wissenschaftlichen Arbeitens sind auch den Darstellungsrichtlinien zur Abfassung schriftlicher wissenschaftlicher Arbeiten zu entnehmen, die die Hochschulen in der Regel bereitstellen.

Umfang der Arbeit: Mit dem Betreuer / der Betreuerin abstimmen. Hier sind die Vorstellungen höchst unterschiedlich.

Als *vertiefende Lektüre* zum wissenschaftlichen Arbeiten vor allem in Hinblick auf Diplom- und Doktorarbeiten sind folgende Bücher - zusätzlich zu den bisher genannten - hilfreich:

📖 Nitsch, Jürgen, R., Hoff, Heinz-Günther, Mickler, Werner, Moser, Thomas, Seiler, Roland & Teipel, Dieter. (1994). *Der rote Faden. Eine Einführung in die Technik wissenschafltichen Arbeitens*. Köln: bps-Verlag.

📖 Esselborn-Krumbiegel, Helga. (2002). Von der Idee zum Text. Eine Anleitung zum wissenschaftlichen Schreiben. Paderborn: Schöningh.

📖 Eco, Umberto. (1993). *Wie man eine wissenschaftliche Abschlussarbeit schreibt. Doktor-, Diplom- und Magisterarbeit in den Geistes- und Sozialwissenschaften*. (W. Schick, Trans.). Heidelberg: C.F. Müller. (Originalarbeit erschienen 1977)

📖 Stary, Joachim & Kretschmer, Horst. (1994). *Umgang mit wissenschaftlicher Literatur: eine Arbeitshilfe für das sozial- und geisteswissenschaftliche Studium*. Frankfurt/Main: Cornelson, Scriptor.

7. Etappen der Entstehung einer wissenschaftlichen Arbeit

Im Großen und Ganzen erfolgt die Produktion von wissenschaftlichen Texten in *vier Phasen*:

1. Sammeln, klären und planen:
Sich mit einem wissenschaftlichen Gegenstand oder Thema vertraut machen; Motivation und Erkenntnisinteresse klären, Fragestellung festlegen, Zeitaufwand planen; Ideen sammeln; Literatur sichten, lesen und auswerten.

2.Strukturieren und gliedern:
Die gefundenen Erkenntnisse werden entsprechend der Aufgabenstellung strukturiert und gegliedert. Ein Schreibkonzept wird erstellt.

3. Formulieren und edieren:
Das Erarbeitete wird versprachlicht; dabei wird nicht nur auf inhaltliche Kohärenz, Sprache und Stil geachtet, sondern auch auf formale wissenschaftliche Standards.

4. Überarbeiten und korrigieren:
Meist in mehreren Schritten (teilweise parallel mit Phase 3) werden formale, stilistische und inhaltliche Mängel behoben (vgl. Kruse & Püschel 1994, S. 56 f.).

Die Orientierung an diesem Ablaufschema ist beim Schreiben von wissenschaftlichen Texten außerordentlich hilfreich. Und es gibt für jede der Phasen und Arbeitsschritte bewährte Methoden und "Werkzeuge", von denen ich hier jeweils einige vorstelle.[1] Es sollte allerdings nicht übersehen werden, dass dieses rein sequentielle Schema eine gewisse Vereinfachung darstellt. Das Schreiben von wissenschaftlichen Texten erfolgt nämlich in der Regel nicht im schlichten nacheinander Abarbeiten der einzelnen unter 1. bis 4. genannten Handlungsschritte. Oft muss zu früheren Schritten zurückgekehrt werden, oft auch müssen zwei oder mehrere Arbeitsschritte parallel oder ineinander verschränkt durchgeführt werden. Das Schema macht also nur dann Sinn, wenn es flexibel gehandhabt wird.

Arbeitsteiliges Schreiben
Um die einzelnen Schritte der Textproduktion zu verdeutlichen, ist folgende Übung empfehlenswert, in der arbeitsteilig kurze wissenschaftliche Texte hergestellt werden. Dabei wird in vier Schritten vorgegangen:

---

1 Die Quellennachweise finden Sie auf den Seiten 153f.

- Ideen sammeln,
- strukturieren und gliedern,
- ausformulieren und
- überarbeiten.

Die TeilnehmerInnen - mindestens drei oder vier - können sich aus vier oder fünf Themen (wie z.B. „Studieren heute" oder „Leben in der Informationsgesellschaft") je eines aussuchen. Dann führen sie den ersten Arbeitsschritt aus und geben ihr Blatt nach ca. 6 Minuten an die Nachbarin oder den Nachbarn weiter. Dieser/diese führt dann ausgehend von den bereits angesammelten Ideen den zweiten Arbeitsschritt aus. Auf diese Weise werden auch die Schritte drei und vier ausgeführt. Es kann dabei vorkommen, dass einzelne Teilnehmer bei jedem Schritt ein anderes Thema bearbeiten.

Bei der Durchführung dieser Übung wird der Schreibprozess entzerrrt und in seine hauptsächlichen Bestandteile zerlegt. Die Teilnehmer und Teilnehmerinnen durchlaufen von eins bis vier alle Phasen der Textproduktion und erfahren damit auf anschauliche und spielerische Weise die Abfolge der erforderlichen Arbeitsgänge. In einem anschließenden Auswertungsgespräch wird sich möglicherweise herausstellen, dass die einzelnen Arbeitsschritte jeweils sehr unterschiedlich erlebt und bewältigt wurden und dass sie nicht immer klar voneinander zu trennen waren.

7.1 Phase eins: Sammeln, klären und planen

Für die Ausführung der einzelnen Phasen des Schreibprozesses finden Sie auch in den Kapiteln 3, 4, 5 und 6 zahlreiche Anregungen, Instruktionen und grundlegende Methoden. Ergänzend stelle ich hier für jede der vier Phasen[2] weitere Methoden und Schreibanregungen vor, die zu einem großen Teil aus dem Methodenrepertoire des Kreativen wissenschaftlichen Schreibens stammen. Sie verbinden methodisches Vorgehen mit einer spielerisch-experimentellen Herangehensweise. Die im Folgenden zusammengestellten Schreibanregungen sind im Prinzip für alle wissenschaftlichen Arbeiten anwendbar, viele auch für berufliche Texte. Einige dieser Anregungen sind mit umfangreichen und zeitaufwendigen Arbeiten verbunden und sind daher eher für die Erstellung längerer wissenschaftlicher Arbeiten (z.B. Diplomarbeiten) geeignet als für kürzere Arbeiten (z.B. Hausarbeiten[3]) oder für berufliche Texte.

---

2 Ich folge bei der Phaseneinteilung im großen und ganzen Kruse & Püschel 1994, S. 56 ff. Da von Werder nicht grundsätzlich andere Phasen unterscheidet, konnten die von ihm vorgeschlagenen Übungen und Anregungen integriert werden.

3 Die einzelnen Arbeitsschritte, die beim Schreiben einer Hausarbeit notwendig sind finden Sie in Kapitel 6.

7.1.1 Material sammeln, Fragestellung festlegen

Das Sammeln von Informationen ist ein wesentlicher Schwerpunkt vor allem - aber nicht nur! - in der ersten Phase der Textproduktion. In der Regel sammelt sich hier rasch viel Material an. Dann stehen Sie vor der Aufgabe, aus der Fülle (und dem Chaos) von Informationen das für Ihr Thema Relevante und (für potentielle LeserInnen) Interessante herauszufiltern. Schon während des Sammelns von Informationen sollten Sie deshalb immer mal wieder über die Gliederung und den „roten Faden" für Ihren Text nachdenken.

Zunächst aber geht es darum, Material zu sammeln, die Motivation für das Thema zu erkunden und eine konkrete Fragestellung festzulegen. Greifen Sie kräftig in den Methodenkasten des Kreativen Schreibens:

Brainstorming, Free-Writing und Clustern helfen:
- eine Fülle an Ideen zu produzieren;
- herauszufinden, worüber man schreiben möchte (bzw. nicht schreiben möchte);
- mit einem bestimmten Thema, über das man schreiben möchte, in einen intensiven Kontakt zu kommen;
- geistige Kräfte und Emotionalität zu aktivieren;
- die Schreibmotivation zu steigern und die anfängliche Angst vor dem leeren Blatt zu nehmen.

Brainstorming: Ideen sammeln
In Einzelarbeit oder in Gruppen können Sie mit verschiedenen Brainstorming-Verfahren (vgl. Abschnitt 4.2.5) erste Einfälle sammeln. Insbesondere die Arbeit in Gruppen (Methode 635 und Brainwriting-Pool) liefert oft eine Fülle unterschiedlichster und brauchbarer Ideen.

Free-Writing: erste Annäherung an ein Thema
Versuchen Sie - zur ersten Annäherung an ein Thema - fünf Minuten lang alle Gefühle, Ideen, Einfälle niederzuschreiben, die dieses Thema bei Ihnen auslöst. Dabei geht es nicht um gute oder besonders originelle Gedanken. Manchmal sind diese ersten spontanen Einfälle der Schlüssel zur zentralen Idee, die einem das Thema erschließen wird. Den wichtigsten oder besten der gefundenen Gedanken verarbeiten Sie am besten gleich zu einem kurzen Text oder zu einer Zeichnung.

Free-Writing: die erste Vision aufs Papier bringen
Lassen Sie sich bei der Bearbeitung eines Themas nicht von vornherein ausschließlich von den Erkenntnissen und Ideen leiten, die WissenschaftlerInnen veröffentlicht haben. Überlegen Sie vielmehr zuallererst, was Sie selbst zu einem bestimmten Thema zu sagen haben. Bevor Sie mit dem geordneten Recherchieren und Lesen anfangen, machen Sie sich Ihre ganz eigenen Gedanken,

lassen Sie Ihre Ideen fließen, und halten Sie Ihre eigene erste Vision zum Thema - in aller Vorläufigkeit und Unvollständigkeit - fest.

– Formulieren Sie ein Thema, über das Sie sich vorstellen könnten, einen Aufsatz zu schreiben. Unterstreichen Sie dann das Kernwort des Themas und machen Sie zu diesem Begriff ein kurzes, ca. dreiminütiges Free-Writing.

– Manchmal entsteht dabei auch spontan ein ganz bestimmtes Bild in Ihrem Kopf, das Sie als Text oder als Zeichnung oder Kritzelbild festhalten können.

Clustern: Ideen sammeln und Beziehung zum Thema klären
Mit folgender kombinierter Übung können Sie sich sowohl auf sachlicher als auch auf persönlicher Ebene einem Thema annähern. Dabei kann sich zeigen, welcher Art Ihr ganz persönlicher emotionaler Bezug zu einer Thematik ist.

– Schreiben Sie zu einem Thema (z.B. "Der Sinn der Selbsterfahrung im Studium der Pädagogik") einen kurzen, sachlich gehaltenen Satz. Einen Satz, der so auch in einem Fachbuch oder im Studienskript Ihres Dozenten stehen könnte.

– Machen Sie dann ein Cluster über Ihren persönlichen Bezug zum Thema (Ihre eigenen Erfahrungen mit der Veranstaltung Selbsterfahrung im Studium der Pädagogik). Daraus soll ein kurzer Text entstehen.

– In einem dritten Schritt verdichten Sie diesen Clustertext in Form eines „Schneeballs" oder „Elfchens".

Suche nach Informationen und Schreibstimuli
Suchen Sie mit wachem Interesse nach Informationen zu Ihrem Thema. Achten Sie auch darauf, welche Hinweise Ihnen Ihre sinnliche Wahrnehmung zuspielt. Mögliche Quellen sind z.B.: Ihre Gedanken, Gefühle und Erinnerungen sowie Hinweise in den Medien, in Zeitungen, im täglichen „Lesefutter". Sammeln Sie zunächst alles, was für Sie einen Anreiz zum Schreiben darstellen könnte. Es ist sinnvoll, mehr Informationen zu haben, als Sie dann de facto verwerten können. Benutzen Sie alle Techniken der Recherche, um mehr über Ihr Thema zu erfahren. Suchen Sie sich Menschen, die sich gut mit Ihrem Thema auskennen, und befragen Sie diese.

Motivation erkunden
Leihen Sie sich viele Bücher zu Ihrem Thema aus, und lesen Sie nur die Abschnitte, die Sie persönlich interessieren. Achten Sie auf die Emotionen, die Ihr Thema in Ihnen hervorruft (z.B. Angst, Fröhlichkeit, Nervosität).

Erinnerungen
Nutzen Sie ihr passives Gedächtnis, das viel größer ist als das aktive. Achten Sie auf biographische Erinnerungen, z.B. Kindheitserinnerungen, die das The-

ma bei Ihnen anstößt. Solche Erinnerungen können wichtige Hinweise für Ihr Schreiben beinhalten. Fragen Sie sich gezielt, welche Kindheits- oder Jugenderinnerungen Sie zu Ihrem Thema haben.

Träume
Achten Sie darauf, ob Sie zu Ihrem Thema Träume haben. Deuten Sie diese, möglicherweise geben Sie Ihnen wichtige Hinweise.

Informationen sammeln, sammeln, sammeln
– Sammeln Sie alles rund um Ihr Thema.

– Legen Sie eine Kartei oder Datei an, mit alphabetischen Stichworten zu Ihrem Thema, eine andere Kartei oder Datei mit bibliographischen Angaben.

– Sammeln Sie alle Texte, die zu Ihrem Thema passen.

– Gehen Sie in eine große Bibliothek, benutzen Sie dort den Schlagwortkatalog; lassen Sie sich per Computer themenbezogene Literaturlisten ausdrucken; auch das Internet können Sie für Ihre Literaturrecherche nutzen.

– Sammeln Sie auch die Namen der wichtigsten Autoren zu Ihrem Thema; besorgen Sie sich Biographien oder Autobiographien dieser Autoren. So bekommen Sie einen engeren Kontakt zu diesen Autoren, können deren Gedanken besser verstehen und einordnen.

Fünf Startfragen
1. Zu welchem Thema will ich schreiben?
2. Was weiß ich schon über das Thema?
3. Welche Fragen will ich in meiner Arbeit stellen und beantworten?
4. Kann ich meine allgemeinen Fragen/meine allgemeine Frage schon konkretisieren?
5. Kann ich mit jemandem reden, der über die speziellen Aspekte meines Themas etwas weiß?

Listen anlegen
Sammeln Sie Einfälle in Form einer Liste. Legen Sie auch Pro- und Contra-Listen zum Thema an oder Listen mit Beispielen für Ihr Thema.

Gedankenkasten
Notieren Sie jede Beobachtung, jede Frage auf einen eigenen Zettel. Diese Zettel sammeln Sie in einer Mappe oder in einem Karton und sehen Sie sie von Zeit zu Zeit langsam durch. Sie werden feststellen, dass Sie sich - teilweise unterbewusst - mit den hier formulierten Fragen beschäftigt haben, sodass sich beim Durchlesen der Notizen verschiedene Ergänzungen oder Korrekturen ergeben können.

Rollenprosa
Schlüpfen Sie einmal in die Rolle eines Wissenschaftlers, einer Hausfrau oder eines Arbeiters und schreiben Sie dann einen Brief, einen Dialog, ein Portrait oder ein Gedicht zu Ihrem Thema.

Journal-Schreiben
- Führen Sie zwei Wochen lang Journal über die Einfälle, die sich zu Ihrem Thema einstellen.

- Lesen Sie Literatur zu Ihrem Thema, und tragen sie alle Lese- und Reflektionsfrüchte in Ihr Journal ein. Fassen Sie am Schluss die Früchte Ihres Lesejournals in einem kurzen Text zusammen.

Vorurteile
Sammeln Sie Vorurteile zu Ihrem Thema etwa aus der Sicht eines Extremisten, und schreiben Sie aus seiner Haltung heraus. Nehmen Sie unterschiedliche Vorurteilsrollen ein; auch das hilft, neue Ideen zu finden.

Dialoge
Wenn Sie beim Nachdenken über Ihr Thema immer verschiedene Gefühle empfinden, dann sollten Sie versuchen, einen Dialog zu führen. Geben Sie jedem Gefühl eine Stimme und schreiben Sie schnell, ohne viel nachzudenken, einen Dialog zwischen einem Befürworter und einem Widersacher zum Thema nieder. Wenn die gewählten Personen zu stören beginnen, dann ersetzen Sie sie durch anonyme Personen (A und B z.B.) oder lassen Sie AutorInnen zu Wort kommen, die schon zum Thema geforscht haben (oder DozentInnen, die zum Thema lehren).

Wahrheiten und Lügen
Schreiben Sie schnell in fünf Minuten alle Wahrheiten zu Ihrem Thema und dann in fünf Minuten alle Lügen zu Ihrem Thema nieder; dabei werden sich neue Aspekte des Themas zeigen.

Beobachten
Überlegen Sie, welches die wichtigsten Orte/der wichtigste Ort (Straßen, Plätze, Institutionen, Treffpunkte) für Ihr Thema sind. Suchen Sie diese(n) auf, beobachten Sie mit allen fünf Sinnen und schreiben Sie Ihre Beobachtungen (und Kommentare) am Ort selbst nieder.

Kamera spielen und beobachten
Möglicherweise kommen viele Themen Ihres Fachs auch im Alltagsleben vor.

- Entwerfen Sie einen Beobachtungs- oder Fragebogen, mit dem Sie den sozialen Ort Ihres Themas aufsuchen. Notieren Sie dort Ihre Erfahrungen wie ein Ethnologe, der einen fremden Stamm bei einem Ritual beobachtet.

- Achten Sie bei jeder Ihrer Bewegungen oder Begegnungen in der Gesellschaft darauf, ob Sie Erfahrungen zu Ihrem Thema sammeln können.

Leute befragen - als ReporterIn unterwegs

Versetzen Sie sich in die Rolle eines einer Journalistin, die für eine Zeitschrift einen Artikel über Ihr Thema schreiben soll. Überlegen Sie, welche Leute Sie zu Ihrem Thema interviewen sollten. Bereiten Sie sich gezielt darauf vor, und entwickeln Sie die wichtigsten fünf Fragen zu Ihrem Thema. Stellen Sie sich auf freies Fragen ein, falls sich - durch Ihr Fragen angeregt - neue Aspekte ergeben. Notieren Sie sich während und nach dem Interview die wichtigsten Einsichten für Ihre Arbeit, auch wenn Sie ein Tonband mitlaufen lassen. Wenn Sie parallel zum Einsatz des Tonbands stichwortartig mitschreiben, fällt Ihnen die spätere Auswertung der Tonbanddaten leichter.

Informationssortiment

Um zu klären, welche Art(en) von Informationen für die Bearbeitung des gewählten Themas gebraucht werden, können Sie sich an folgender Checkliste orientieren:

- Fakten
- Statistiken
- Beobachtungen
- Berichte
- Befragungen
- Anekdoten
- Theorien
- Bilder
- Prinzipien
- Gesichter
- Fragen und Antworten
- Grundmuster
- Probleme und Problemlösungen
- Ideen
- Prozesse
- geschichtliche Perspektiven

Lesen: schnell und langsam

Wichtig in der Phase des Sammelns von Informationen zum Thema ist das schnelle, kursorische Lesen (vgl. Kap. 5). Es ermöglicht Ihnen, viele Informationsquellen rasch zu sichten. In einem zweiten Schritt können dann einzelne Quellen langsam gelesen und erschlossen werden.

Absahnen

Um beim Lesen die wichtigsten Informationen rasch ausfindig zu machen, ist folgende „Absahnliste" nützlich:

- Titel der Quelle
- Name des Autors und seine Einstellung zum Thema
- Inhaltsverzeichnis: themenrelevante Abschnitte?
- Register: wichtige Stichworte zum Thema
- Bibliographie: weiterführende Literatur.

Wenn Sie in einer Quelle relevante Informationen finden, schreiben Sie Zusammenfassungen, Exzerpte (schriftliche Auszüge), eine Kurzbesprechung des Buches, ein Glossar (Wortverzeichnis) der wichtigsten Begriffe. Probieren Sie diese Methode einmal aus: Sahnen Sie ein zu Ihrem Thema passendes Buch vollkommen ab (vgl. dazu auch Abschnitt 5.3.1.).

Telefon, Fax & Co
So genannte graue Literatur (Kongressberichte, interne Untersuchungen oder Veröffentlichungen etc.) erhalten Sie am besten direkt bei den herausgebenden Institutionen. Rufen Sie an, schreiben Sie einen Brief, faxen oder mailen Sie einfach. Überlegen Sie zuerst, welche fünf Einrichtungen Sie für Ihr Thema kontaktieren könnten.

Eintauchen - Netzwerke erkunden - Kontakte knüpfen
Wenn Sie in Ihr Thema tiefer eintauchen, werden sie Netzwerke von Personen entdecken, die am gleichen Thema arbeiten, auch Zeitschriften, Buchreihen und Verlage sowie Zyklen von Tagungen und Kongressen. Nutzen Sie jede Gelegenheit, Kontakte zu knüpfen, kommunizieren Sie mit TeilnehmerInnen des Netzwerkes. Informelle Gespräche mit TeilnehmerInnen des Netzwerkes z.B. auf Tagungen sind oft äußerst informativ und weiterführend.

7.1.2 Thema eingrenzen

Wenn ein Thema keine klaren Grenzen hat, kann die Arbeit uferlos werden; wenn ein Thema zu weit gesteckt wird, fehlen der Arbeit Schwerpunkt und Tiefgang. Wählen Sie deshalb ein klar abgrenzbares und überschaubares Thema. Machen Sie sich anhand der folgenden Tabelle rechtzeitig Gedanken darüber, wie Sie Ihr Thema sinnvoll und begründet eingrenzen können. Formulieren Sie anhand der aufgeführten Kriterien alle möglichen Eingrenzungsvarianten für Ihr Thema und wählen Sie dann die sinnvollste aus, und zwar möglichst in Absprache mit dem Betreuer/der Betreuerin Ihrer Arbeit.

Tab. 4: Kriterienkatalog und Eingrenzungsvarianten am Beispiel des Themas „Die Rolle des Vaters im Krankheitsgeschehen chronisch kranker Kinder"

Eingrenzungskriterien	Konkrete Eingrenzungsmöglichkeiten
Ausgewählte(r) Aspekt(e)	nur eine Krankheit beide Elternteile berufstätig
zeitliche Eingrenzung	Alter des Kindes Untersuchungszeitraum

örtliche Eingrenzung (Städte, Länder, Einrichtungen ...)	in Berlin in Europa ländlichen Regionen
Schwerpunkte setzen/... unter besonderer Berücksichtigung von ...	stark leistungsorientierten Vätern nonverbaler Interaktion
nach Personengruppen	weibliche Kinder ausländische Familien
aus der Perspektive von	Kindern Vätern
nach Disziplingesichtspunkten und Forschungsmethode	medizinische/ sozialpsychologische Studie statistischer Vergleich, qualitative Untersuchung
Eingrenzung der Quellen	nur deutsche Literatur ab 1990 bestimmte Forschungsrichtung, z.B. feministische Forschung keine graue Literatur 20 Interviews
nach Theorieansätzen, Autoren	Psychoanalytische, systemtheoretische Betrachtung; unter bes. Berücksichtigung der Arbeiten von Freud
Beziehungen /Vergleiche herstellen	im Vergleich zu gesunden Kindern im interkulturellen Vergleich
Einzelfall/Beispiel betonen	Fallstudie
Neues hervorheben	Vaterforschung (neue Richtung) neueste Forschungsergebnisse zum Thema (z.B. Klinik in New York)
nur Überblick geben	Historischer Überblick Überblick über aktuellen Forschungsstand
Praxisbezug konkretisieren	eigene Praxiserfahrung in Beratungsstelle Relevanz für die allgemeinmedizinische Praxis

7.2   Phase zwei: Gliedern und strukturieren

Nachdem Sie nun alle für die Themenstellung möglicherweise brauchbaren Materialien gelesen und ausgewertet sowie eigene Gedanken gesammelt haben, können Sie mit dem Ordnen und Strukturieren beginnen. In dieser Phase geht es darum, das angesammelte Material zu sichten, um dann gezielt diejenigen Ideen, Argumente und Fakten herauszufiltern und zusammenzustellen, die für Ihre (sich zunehmend konkretisierende) Fragestellung relevant sind. Sicher gibt es schon allererste Gliederungsversuche und so etwas wie eine „erste Vision", vielleicht auch einen allerersten „roten Faden". Auf jeden Fall aber gibt es Exzerpte. Anhand der Exzerpte vor allem können Sie nun das Material und Ihre eigenen Gedanken strukturieren und eine Gliederung sowie einen „roten Faden" erstellen.

7.2.1 Gliederungstechniken

Mindmapping und gliedern

Um zu einer Gliederung zu kommen, unterscheiden Sie zunächst die verschiedenen Aspekte Ihres Themas und ordnen diesen die jeweils relevanten Materialien zu. Wahrscheinlich werden Sie verschiedene Ordnungsgesichtspunkte ausprobieren müssen, um zu sehen, durch welche Anordnung das vorhandene Material am angemessensten aufgeteilt und zugeordnet werden kann. Das beste Verfahren zur Erarbeitung einer Gliederung ist das Mind Map (Näheres zu dieser Methode finden Sie in Kapitel 4). Oft müssen mehrere Mind Maps erstellt werden, bis alles Material der Themenstellung angemessen untergebracht ist.

Das Mind Map kann in einem nächsten Arbeitsschritt unmittelbar in eine Gliederung überführt werden. Dazu brauchen Sie lediglich die Hauptäste des Mind Maps durchzunummerieren, womit Sie die Überschriften der Hauptgliederungspunkte gewonnen haben; die Nebenäste entsprechen dann den untergeordneten Gliederungspunkten. Vergleichen Sie dazu folgendes Mind Map und die daraus entwickelte Gliederung zum Thema „Kreatives Schreiben mit Jugendlichen".

Abb. 4:

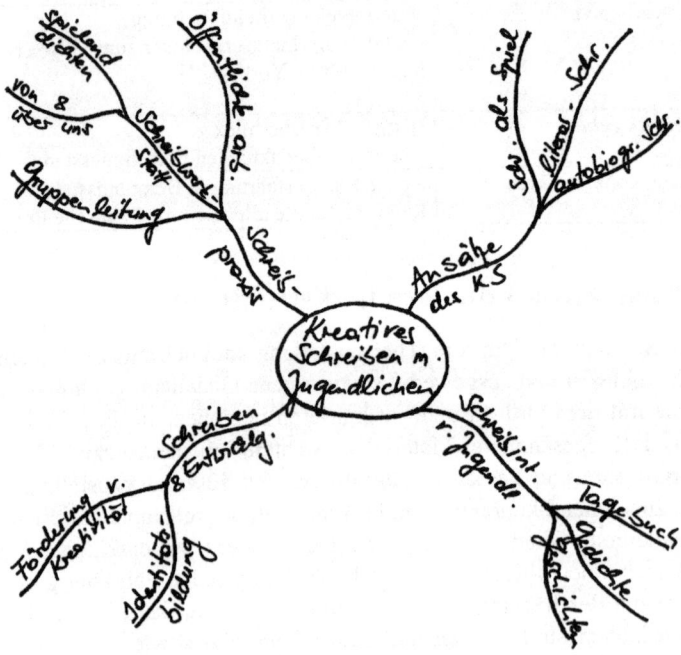

Gliederung

Gliederungsstrategien

Für die Gliederung eines Textes können dieselben Ordnungsstrategien verwendet werden, die wir auch sonst beim Ordnen unserer Erfahrungen und Gedanken verwenden. Entscheiden Sie, welche der hier genannten Gliederungsstrategien für Ihr Thema sinnvoll ist, oder ob vielleicht eine Mischung von mehreren Strategien angebracht ist:

– Vom Allgemeinen zum Besonderen: Ordnen Sie Ihre Gliederung von einem allgemeinen Gesichtspunkt aus, dem Sie dann alles Besondere subsumieren.

– Vom Besonderen zum Allgemeinen: Ordnen Sie besondere Details, Fakten und Beispiele Ihres Themas einem allgemeinen Gesichtspunkt zu.

– Nach Wichtigkeit: Beginnen Sie mit dem weniger Wichtigen und steigern Sie sich bis zum Wichtigsten.

– Nach der Zeit: Ordnen Sie chronologisch, also die ältesten Belege, Tatsachen, Ergebnisse zuerst, am Schluss dann die neuesten.

– Ursachen/Wirkungen: Beginnen Sie mit den Ursachen und kommen Sie dann zu den Wirkungen (und/oder umgekehrt).

– Gleichheit/Unterschiede: Ordnen Sie nach Gleichheiten, Ähnlichkeiten und Unterschieden.

- Wechsel: Ordnen Sie, indem Sie einen Wandel, einen Entwicklungsprozess aufzeigen.

- Ganzes und Teile: Ordnen Sie nach den Beziehungen der Teile zum Ganzen.

7.2.2 Vom „roten Faden" zur Rohfassung

Den „roten Faden" erstellen
Bevor Sie die Rohfassung erstellen, sollten Sie unbedingt den „roten Faden" für Ihren Text niederschreiben, der die Hauptgedanken jedes Abschnittes in einen Zusammenhang bringt. Dabei kann es hilfreich sein, folgende Techniken anzuwenden:

- Für jeden Abschnitt eine Frage formulieren.

- Jeden Textabschnitt in Kurzform auf eine Karte schreiben; die Karten mischen, dann in eine Ordnung bringen, die dem Gedankengang am besten entspricht.

- Eine zweispaltige Liste anlegen: Links werden die vorläufigen Überschriften jedes Abschnitts eingetragen, rechts alle wichtigen Einfälle zu jedem Gliederungspunkt.

Manchmal gelingt es auch, den „roten Faden" ausgehend von einem Anfangsimpuls (z.B. Wort, Fragment, Bild, Liste ...) niederzuschreiben. Versuchen Sie auf einer Seite niederzuschreiben, was alles in Ihrer Arbeit stehen soll. Bleiben Sie aber dabei für weitere Ideen offen.

Anfangen mit der Rohfassung
Oft ist es hilfreich, wechselweise an der Gliederung und am Text selbst zu arbeiten. Sie werden also beim Gliedern und Strukturieren teilweise schon formulieren bzw. Teile der Rohfassung Ihrer Arbeit aufs Papier bringen. Beim Erstellen der Rohfassung arbeiten Sie die einzelnen Exzerpte bzw. die einzelnen Haupt- und Nebenäste des Mind Maps nach und nach ab. Dabei ist es durchaus sinnvoll, sich zuerst die Abschnitte herauszupicken, die Spaß machen, und sich dann erst die Teile vorzunehmen, die schwerer fallen.

Schreiben Sie die Rohfassung möglichst rasch und ohne Ansprüche an sprachliche Perfektion. Das hält zu diesem Zeitpunkt nur unnötig auf und hindert Sie daran, Textteile, die sich später als überflüssig erweisen, zu eliminieren - weil Sie möglicherweise zu sehr an (mühsam erarbeiteten) besonders gelungenen Formulierungen hängen ...

Absätze und Überschriften
Ein Text ist leichter verständlich, wenn er klar und sinnvoll untergliedert ist. Dabei kommt es auf das richtige Maß an. Vor allem zu Beginn ihrer wissenschaftlichen Schreibkarriere neigen viele Menschen dazu, ihre Texte zu stark zu

untergliedern. Das geht oft so weit, dass praktisch nach jedem Satz - anstatt nach jedem zusammenhängenden Gedankengang - ein Absatz gemacht wird. In solchen Arbeiten finden sich auch oft viel zu viele Überschriften. Es unterbricht den Textfluss unnötig, wenn unter jeder Überschrift jeweils nur zwei oder drei Sätze stehen. Also: Den Text nicht zu stark untergliedern! Natürlich ist auch vom Gegenteil abzuraten.

Es ist auch wichtig, passende und ansprechende Überschriften zu finden, denn diese leiten die Lesenden durch den Text. Je treffender sie formuliert sind, desto besser. Es ist hilfreich, wenn Sie alle Überschriften im Brainstorming-Verfahren mehrfach formulieren und dann die jeweils am besten gelungene Variante auswählen.

Auf Distanz gehen

Aus der Distanz sieht man vieles klarer, manchmal entwickeln sich auch neue Ideen. Einen Text einmal oder auch mehrmals zu „Überschlafen", hilft fast immer. Es ist dann ein Leichtes, ihn zu ergänzen, zu vertiefen oder zu korrigieren.

Autobiographische Erzählungen

Schreiben Sie einmal darüber, was Sie in der aktuellen Schreibphase an Ihrem Thema besonders interessiert und motiviert (z.B. Ideen mitteilen, Fähigkeiten vertiefen, einen Leistungsnachweis erbringen, dem Alltag entfliehen, andere WissenschaftlerInnen widerlegen). Dadurch wird Ihnen Ihre subjektive Motivationslage zum Thema bewusster und möglicherweise auch Ihr Erkenntnisinteresse klarer.

Perspektive des Lesers

Oft gewinnt man mehr Klarheit und eine bessere Fokussierung auf den Brennpunkt des Textes, wenn man ihn einmal ganz oder teilweise aus der Sicht imaginärer LeserInnen schreibt.

Die erste Seite wegwerfen

Falls Sie Startschwierigkeiten beim Schreiben haben, nehmen Sie sich vor, die erste Seite Ihres Aufsatzes wegzuwerfen. Das entlastet ungemein!

7.3 Phase drei: Formulieren und edieren

In dieser Phase soll der Text entstehen. Das bisher erarbeitete Material wird versprachlicht; dabei wird nicht nur auf inhaltliche Kohärenz, Sprache und Stil geachtet, sondern auch auf formale wissenschaftliche Standards.

7.3.1 Die Rohfassung schreiben

Zunächst geht es darum, die Rohfassung niederzuschreiben. Parallel dazu wird meistens auch immer mal wieder an der Gliederung gearbeitet (Überlappung mit Phase zwei). Außerdem gibt es Überlappungen mit Phase vier, denn während des Schreibens an der Rohfassung werden immer auch Teile davon überarbeitet.

Bringen Sie die Rohfassung relativ zügig aufs Papier. Stellen Sie zunächst einmal beim Schreiben keinerlei Ansprüche in Bezug auf Formulierungen, Strukturierung oder Stil. Achten Sie in dieser Phase vor allem *nicht* auf sprachliche Perfektion!!! Das blockiert unnötig und macht später das Kürzen oft allzu schwer. Falls noch nicht geschehen, lesen Sie an dieser Stelle den Abschnitt 3.1. Das wird Sie darin bestärken, einfach drauflos zu schreiben und nicht auf Anhieb einen perfekt durchdachten und wohlformulierten Text von sich zu erwarten. Ein konfuser Rohentwurf sagt noch gar nichts über die letzte Fassung Ihrer Arbeit aus!

Wichtig ist, dass Sie *als denkendes Subjekt in Ihrem Text erhalten bleiben.* Ihre Gedanken sollen mit dem, was Sie gelesen haben, in Verbindung gebracht werden. Mit direkten Zitaten sollten Sie sparsam umgehen. Sie sollten vor allem dann verwendet werden, wenn sie im Folgenden diskutiert werden oder wenn sie eigene Thesen belegen. Es entstehen leblose Texte, wenn Zitaten die Kernaussagen überlassen werden und der eigene Text nur das Verbindungsglied zwischen den Zitaten bildet. Es geht darum, selbst zu formulieren. Deshalb empfiehlt es sich, den Text zunächst mit eigenen Worten zu schreiben und ihn dann mit Zitaten, Verweisen und Belegen anzureichern. Vergleichen Sie dazu unbedingt Kapitel 5.

Für die Rohfassung sind u.a. folgende Schreibtechniken erprobt:

Schnell-Schreiben
Je schneller Sie schreiben, umso weniger können Sie sich dabei kontrollieren, und Sie bringen etwas zu Papier. Es ist in dieser Phase wichtig, nicht über das Schreiben nachzudenken, sondern zu schreiben (vgl. Free-Writing!). Sie haben sich in den Phasen 1 und 2 auf den eigentlichen Schreibprozess vorbereitet,

> jetzt lassen Sie es fließen. Schreiben Sie so schnell, dass der Zensor Ihnen nicht folgen kann. (...) Denken Sie immer daran, der Duden ist jetzt reine Schundliteratur. Je mehr Angst Sie vor dem Schnell-Schreiben haben, umso schneller sollten Sie schreiben. Schnell-Schreiben schafft Ihnen gedankliche Zusammenhänge, auf die Sie beim ruhigen Grübeln nie und nimmer gekommen wären. (von Werder 1995a, S. 67).

In Schichten schreiben
Ähnlich wie beim Malen eines Ölbildes, legen Sie Textschicht auf Textschicht. Erst schreiben Sie eine ganz rohe Fassung, auf diese legen Sie dann durch

(teilweises) Überarbeiten die feinere Fassung. Dabei sollten Sie es sich durchaus erlauben, hin und her zu springen. Schreiben Sie jeweils an dem Teil, der gerade am meisten Spaß macht. Fast jedes Textstück wird mehrfach geschrieben und durch eine neue, bessere Fassung abgelöst - ganz allmählich entsteht so Ihr Text.

Lautes Schreiben
Sprechen Sie sich Ihren Text während des Schreibens laut oder auch unhörbar vor; lassen Sie sich von Ihrer „inneren" Stimme lenken.

Zuviel schreiben
Schreiben Sie ganz beruhigt zuerst einmal zu viel, viel zu viel. So haben Sie beim Überarbeiten und Kürzen reichlich Text zur Verfügung. Sie können dann auch collageartig arbeiten - mit dem Computer ein Kinderspiel!

7.3.2 Strukturiert argumentieren

Kleinste Formen des wissenschaftlichen Diskurses: TABZ und TABÜ

T hese
A rgument
B eispiel
Z usammenfassung

T hese
A rgument
B eispiel
Ü berleitung

Beispiel für TABZ:
(These) Die Methoden des Kreativen wissenschaftlichen Schreibens sollten fester Bestandteil jedes Curriculums auch an deutschen Hochschulen sein.

(Argument) Sie fördern die Fähigkeit von Studierenden, wissenschaftliche Texte mit Lust, Kreativität und Methode abzufassen.

(Beispiel) Dafür gibt es an amerikanischen Hochschulen zahlreiche Beispiele, auch in Deutschland gibt es erste Ansätze, z.B. am Hochschuldidaktischen Zentrum der Alice-Salomon-Fachhochschule in Berlin, wo diese Methoden seit längerem mit Erfolg vermittelt werden.

(Zusammenfassung) Die Methoden des Kreativen wissenschaftlichen Schreibens, die die Schreiblust und Schreibkompetenz gezielt fördern, werden in den USA und ansatzweise auch in der BRD erfolgreich angewandt. Sie sollten an allen deutschen Hochschulen ihren festen Platz in den Lehrplänen erhalten.

Argumentationsketten und Gliederungsmuster

Wie kann ich Texte (und Reden) gut strukturieren und überzeugend argumentieren? Dazu unterscheiden Büntig, Bitterlich und Pospiech (1996) fünf Argumentationsketten, die jeweils aus fünf bis sechs Schritten bestehen:

Muster 1: Dreifache Begründung
1. Ich stelle folgende Hypothese auf, und dafür nenne ich drei Gründe:
2. Erstens zeigt eine einfache Beobachtung, dass ...
3. Zweitens haben wir folgende Tests gemacht: ...
4. Drittens ergibt die Teststatistik, dass ...
5. Es scheint also lohnend, eine umfassende Untersuchung vorzunehmen.

Muster 2: Einerseits und andererseits
1. Das ist die Interpretation von A.:
2. Einerseits spricht dafür, dass ...
3. Andererseits spricht dagegen, dass ...
4. A. hat Folgendes übersehen: ...
5. Wird es berücksichtigt, führt das zu folgender Interpretation: ...

Muster 3: Nicht A, nicht B, sondern C
1. Hypothese A besagt, dass ...
2. Sie ist wie folgt begründet: ...
3. Hypothese B hingegen besagt, dass ...
4. ..., weil ...
5. In beiden Hypothesen ist nicht berücksichtigt, dass ...
6. Daraus folgt nunmehr, dass ...

Muster 4: Gründe und Gegengründe abwägen
1. A schlägt folgenden Lösungsweg vor: ... (These)
2. Er begründet das mit ...
3. Dagegen spricht jedoch, dass ... (Antithese)
4. Wägt man beides ab, dann ... (Prozess der Synthese)
5. Daraus lässt sich also schließen, dass ... (Synthese als Ergebnis)

Muster 5: Zusammenfassung und Kompromiss
1. These A besagt, dass ..., und zielt dabei auf ...
2. These B besagt, dass ..., und zielt dabei auf ...
3. Beide liegen im Kern richtig, denn ...
4. Im Hinblick auf die von uns verfolgte Fragestellung kommt es darauf an, dass ...
5. Da können wir wichtige Teile von A und B miteinander verbinden, indem wir ...

Übungsaufgabe:

Entwerfen Sie ein kurzes, gut strukturiertes und überzeugendes Statement zum Thema „Ab 60 hat jeder Bürger 2 Stimmen bei Wahlen" oder „Firmen treten als Sponsoren für bestimmte Lerninhalte auf. Der jeweilige Firmenname erscheint dann auf dem betreffenden Lernmittel (Schulbuch, CD-ROM etc.)".

Gehen Sie dabei in drei Schritten vor:

1. Sammeln Sie zuerst Ihre Ideen und Argumente mittels Cluster oder Mind Map
2. Strukturieren Sie dann mit Hilfe eines der fünf Argumentationsmuster
3. Formulieren Sie schließlich einen kurzen Text

7.3.3 Sich klar und verständlich ausdrücken

Ahmen Sie beim wissenschaftlichen Arbeiten weder Thomas Mann noch Adorno nach. Schreiben Sie verständlich, klar und Ihrem Gegenstand angemessen. Bedenken Sie: Die Darstellung komplizierter Sachverhalte ist kein Freibrief für komplizierte, verschachtelte und damit schwer verständliche Sätze.

Lassen Sie sich von *drei einfachen Regeln* leiten:

1. Die Hauptsache steht im Hauptsatz; so ist sie rasch zu erfassen.

2. Nebensätze werden an den Hauptsatz angehängt (nicht dazwischengeschoben: Achtung Schachtelsatz!); so entstehen klar strukturierte Sätze.

3. Verwenden Sie Aktiv statt Passiv, so entstehen präzise, anschauliche Sätze.

Um verständlich zu formulieren, ist es darüber hinaus hilfreich, die *vier Merkmale* zu kennen, die Langer, Schulz von Thun und Tausch (1993) definiert haben:

Merkmal 1: Einfachheit
Die Art der Darstellung (Wortwahl und Satzbau) ist einfach, egal, ob der dargestellte Sachverhalt einfach oder schwierig ist.

bevorzugen	vermeiden
einfache Darstellung	komplizierte Darstellung
kurze, einfache Sätze	lange, verschachtelte Sätze
geläufige Wörter	ungeläufige Wörter
Fachwörter erklärt	Fachwörter nicht erklärt
konkret	abstrakt
anschaulich	unanschaulich

Merkmal 2: Gliederung - Ordnung
Die Sätze sind folgerichtig aufeinander bezogen; die Informationen werden in einer sinnvollen Reihenfolge dargeboten. Der Aufbau des Textes wird auch optisch sichtbar gemacht (Absätze, Überschriften, gliedernde Vor- und Zwischenbemerkungen). Wesentliches wird von weniger Wichtigem sichtbar unterschieden, z.B. durch Hervorhebungen oder Zusammenfassungen.

bevorzugen	vermeiden
gegliedert	ungegliedert
folgerichtig	zusammenhanglos, wirr
übersichtlich	unübersichtlich
gute Unterscheidung von Wesentlichem und Unwesentlichem	schlechte Unterscheidung von Wesentlichem und Unwesentlichem
der rote Faden bleibt sichtbar	man verliert den roten Faden
alles kommt schön der Reihe nach	alles geht durcheinander

Merkmal 3: Kürze - Prägnanz

Die Länge des Textes steht in einem angemessen Verhältnis zum Informationswert.

bevorzugen	vermeiden
eher kurze, knappe Darstellung	zu lange, ausführliche, breite Darstellung
auf das Wesentliche konzentriert	viel Unwesentliches
beim Thema bleiben	vom Thema abschweifen
jedes Wort ist notwendig	vieles hätte man weglassen können

Merkmal 4: Anregende Zusätze

Mit anregenden „Zutaten" (z.B. Ausrufe, wörtliche Rede, rhetorische Fragen, lebensnahe Beispiele, direktes Ansprechen des Lesers, Reizwörter, witzige Formulierungen, Einbettung der Information in eine Geschichte, Auftretenlassen von Menschen) kann man Interesse, Anteilnahme, Lust am Lesen hervorrufen.

bevorzugen	vermeiden
anregend	zu nüchtern
interessant	farblos
abwechslungsreich	gleich bleibend neutral
persönlich	unpersönlich

Beispieltexte zur Frage "Was ist der fundamentale Attributionsfehler?"

Zu 1.

Komplizierte Fassung

Dasjenige interaktionale Phänomen, welches mit signifikanter Häufigkeit in Experimenten zur Gehorsamsbereitschaft zu beobachten war, welches sich in der Zurückführung des Verhaltens einer fremden Person auf deren Persönlichkeit und der gleichzeitigen Annahme, dass eigenes Verhalten durch situative Besonderheiten determiniert wird, äußert, wird in der sozialpsychologischen Terminologie auch als fundamentaler Attributions- bzw. Attribuierungsfehler bezeichnet.

Einfache Fassung

Wir führen unser eigenes Verhalten gerne auf die Umstände zurück, das Verhalten von anderen dagegen auf ihre Persönlichkeit. Psychologen bezeichnen das als fundamentalen Attributionsfehler.

Zu 2.

Ungeordnete Fassung

Das Verhalten von anderen wird anders eingeschätzt als das eigene. Also die Ursachen dafür. Dieses Phänomen nennt man in der Sozialpsychologie einen fundamentalen Attributionsfehler. Und zwar ist es so, dass das eigene Verhalten der jeweiligen Situation zugeschrieben wird. Zum Beispiel, wenn jemand sagt: „Das war so schlimm, dass ich gar nicht anders konnte". Bei anderen dagegen denkt man, ihr Verhallten würde wegen ihrer Persönlichkeit so sein, wie es ist.

Gegliederte Fassung

Es ist häufig zu beobachten,

– dass wir eigenes Verhalten auf die jeweilige Situation zurückführen,
– während wir die Ursache für das Verhalten von anderen in deren Persönlichkeit sehen.

Dieses Phänomen nennt man in der Sozialpsychologie fundemantalen Attributionsfehler.

Zu 3.

Weitschweifige Fassung:

Der fundamentale Attributionsfehler ist - wie der Name schon sagt - ein Fehlschluss. Es handelt sich dabei um ein weit verbreitetes Phänomen, das eigentlich jeder irgendwoher kennt. Der fundamentale Attributionsfehler hat etwas mit der Zuschreibung von Ursachen für bestimmte Verhaltensweisen zu tun. Und zwar ist es so, dass man normalerweise denkt, das eigene Verhalten würde nur von der Situation abhängen, in der man sich gerade befindet. Bei anderen Leuten geht man aber häufig nicht davon aus, dass ihr Verhalten von der Situation bestimmt wird. Im Gegenteil: man denkt vielmehr, die Ursachen für das Verhalten anderer liegen in ihrer Persönlichkeit, also dass jemand einfach so ist, wie er sich verhält.

Kurz-prägnante Fassung

Der fundamentale Attributionsfehler besteht in der Annahme, eigenes Verhalten liege in den Umständen begründet, das Verhalten von anderen dagegen in ihrer Persönlichkeit.

Zu 4.

Nichtanregende Fassung

Als fundamentalen Attributionsfehler bezeichnet man in der Sozialpsychologie die unterschiedliche Einschätzung der Ursachen für eigenes und fremdes Verhalten. Vom eigenen Verhalten denkt man, dass es durch die jeweilige Situation bestimmt wird. Bei einer anderen Person dagegen denkt man oft, ihr Verhalten liege an ihrer Persönlichkeit.

Anregende Fassung

Nimm an, du kommst zu spät zu einer Verabredung. Bestimmt wirst du sagen, dass dir das nur passiert ist, weil der Bus dir vor der Nase weggefahren ist. Wenn sich aber deine Freundin verspätet, dann denkst du wahrscheinlich: „Sie ist einfach eine unpünktliche Person."

Eine Psychologin würde dir sagen, dass es sich bei diesen beiden Gedanken um einen „fundamentalen Attributionsfehler" handelt.

!!!!! *Zur Vertiefung empfohlen*:

📖 Übungsprogramm in Langer, Schulz von Thun & Tausch 1993, S. 34 - 58: Testen Sie Ihre Fähigkeit als VerständlichkeitsbeurteilerIn!!!

7.3.4 Anfang und Ende

Ein guter Textanfang ist wichtig, er beeinflusst ganz wesentlich die Reaktion der LeserInnen. Er sollte etwas Interessantes, etwas Neues bieten, irgendetwas, was die Aufmerksamkeit von Anfang an fesselt.

Mögliche Textanfänge:

– eine Schlüsselanekdote
– ein aussagekräftiges Zitat, originelles Motto
– provokante Frage oder These
– Aufgreifen eines aktuellen Ereignisses
– eine Frage, die eine Perspektive beschreibt, die den Text prägen wird
– die Schilderung einer Person, mit der sich die LeserInnen identifizieren können
– eine Szene, ein Dialog.

Oft ist es sinnvoll, mehrere Textanfänge zu schreiben; welcher Anfang der passende ist, zeigt sich manchmal erst, wenn die restliche Arbeit praktisch fertig ist. Das Nachdenken über den Textanfang begleitet den gesamten Schreibprozess.

Auch der Textschluss kann, wie der Textanfang, etwas Neues bieten, eine Schlüsselanekdote, ein Zitat, etc.

7.3.5 Formale Gesichtspunkte

Beachten Sie von Anfang an den korrekten Umgang mit Zitaten, Belegen und Verweisen. Sie ersparen sich dadurch viel unnötige (Such-)Arbeit beim Überarbeiten! Es ist auch zu empfehlen, das Literaturverzeichnis nicht erst am Schluss, sondern schon während des Schreibprozesses anzulegen. Vergleichen Sie dazu die Ausführungen in Kapitel 5.

7.4 Phase 4: Überarbeiten und korrigieren

Das Überarbeiten und Korrigieren wissenschaftlicher Texte erfolgt meistens in mehreren Schritten, teilweise parallel mit Phase 3. Ziel ist es, formale, stilistische und inhaltliche Mängel zu beheben.

Nehmen Sie sich für diese wichtige Phase des Schreibprozesses ausreichend Zeit!!! Die Qualität vieler Haus- und Diplomarbeiten - nach meiner persönlichen Erfahrung mindestens die Hälfte - leidet ganz erheblich darunter, dass diese nicht gründlich genug überarbeitet wurden. Verlieren Sie also - so wichtig die inhaltlichen Aspekte auch sind - keinesfalls die sprachliche Dimension Ihrer wissenschaftlichen Texte aus den Augen.

Der erste Schritt beim Überarbeiten besteht darin, den „roten Faden" zu überprüfen. Sind die einzelnen Elemente folgerichtig aufeinander bezogen? Ist die Gliederung stimmig? Gibt es überflüssige Teile? Ist der Text verständlich? Ist die Einteilung in Kapitel/Abschnitte der Gedankenführung angemessen? Dann folgt ein Überarbeitungsdurchgang, der sich ausschließlich auf die Formulierungen bezieht. Der Text wird systematisch auf seine sprachliche Angemessenheit überprüft. Komplizierte oder schwer verständliche Textabschnitte werden vereinfacht, Wiederholungen eliminiert. Alle Sätze und Satzteile werden hinsichtlich ihrer Präzision und Differenziertheit überprüft. In einem letzten Korrekturdurchgang werden verschiedene formale und gestalterische Details geprüft bzw. ergänzt oder verändert.

Scheuen Sie sich nicht vor mehrfachem Überarbeiten: das ist ganz normal und in aller Regel auch notwendig. Wenn man ohne zu großen Zeitdruck und ohne überzogene Leistungsansprüche herangeht, kann das Überarbeiten von Texten sogar zu einem vergnüglichen Spiel werden (vgl. Kapitel 3, Abschnitt 3.1).

Wenn Sie mit dem Computer arbeiten, profitieren Sie davon, dass die modernen Textverarbeitungsprogramme das Überarbeiten von Texten ganz erheblich erleichtern. Mit keinem anderen Schreibgerät können misslungene Formulierungen so schnell korrigiert, ganze Satzteile oder Sätze so leicht verschoben werden wie mit dem Computer.

7.4.1 Inhalt, Aufbau und Gedankenführung

Folgende **Checkliste** kann Ihnen beim Überarbeiten vor allem im Hinblick auf Inhalt, Aufbau, Argumentation und formale wissenschaftliche Konventionen helfen:

– Haben Sie den Gegenstand, über den Sie schreiben, hinreichend präzisiert?
– Haben Sie die Fragestellung, unter der Sie Ihren Gegenstand betrachten, dargestellt?
– Sind Sie gegebenenfalls darauf eingegangen, in welchem Bezug die Arbeit zum Thema des Seminars steht?
– Haben Sie die zentralen Begriffe definiert und erläutert?

- Ist die Gliederung in sich stimmig?
- Sind die einzelnen Punkte oder Teile folgerichtig aufeinander aufgebaut?
- Ist erkennbar, von wem welche Aussagen stammen und aus welcher Quelle sie zitiert sind?
- Haben Sie alle verwendete Literatur zitiert?
- Haben Sie Ihren eigenen Standpunkt ausgedrückt und kenntlich gemacht?
- Zu welchen Schlussfolgerungen gelangen Sie? Gibt es so etwas wie ein resümierendes Fazit?
- Ist Ihr Text für andere verständlich?

Methoden zur Überarbeitung /Umformung der Rohfassung

Zweite Rohfassung. Manchmal ist es günstig, zur Verbesserung der Rohfassung, eine zweite, vielleicht auch eine dritte Rohfassung zu schreiben. Werfen Sie aber vor der endgültigen Fertigstellung Ihres Textes keine Version weg.

Mind Map. Es ist hilfreich, bei der Umformung der Rohfassung in die Endfassung die Methode des Mind Maps einzusetzen. Dabei sollte der Text der Rohfassung in einem Mind Map dargestellt werden: Die Hauptgedanken bilden die Hauptäste, die sich im Uhrzeigersinn um den Themenkern herum gruppieren, die weiteren Konkretionen der Argumentation werden auf den Nebenästen abgebildet. Orientiert an dem so erstellten Mind Map wird eine zweite, wahrscheinlich besser strukturierte Textfassung entstehen.

Unterstützung durch TestleserInnen und Schreibgruppen

Suchen Sie sich im Bekannten- oder Freundeskreis TestleserInnen. Wählen Sie diese gezielt aus, je nachdem worauf die Textkritik abheben soll. Leser, die selber Autoren sind, lesen mit professionell geschultem Auge, geben Rückmeldung über Aufbau, Stil, Argumentationsweise etc. Ungeschulte LeserInnen, Laien, geben Aufschluss darüber, wie der "Normalverbraucher" den Text beurteilt. TestleserInnen, die die gleiche Wissenschaft vertreten wie Sie, können eine fachliche Beurteilung abgeben. Bilden Sie spätestens in der Überarbeitungsphase mit einer Kommilitonin /einem Kommilitonen eine 2er-Gruppe. Tauschen Sie Teile Ihrer Arbeiten aus, lesen und kommentieren Sie gegenseitig.

Während der Arbeit an einem umfangreicheren Text (Hausarbeit, Diplomarbeit) ist es empfehlenswert, eine Schreibgruppe zu bilden, die sich regelmäßig trifft. Bewährt haben sich Gruppen mit 4 bis 10 Studierenden, die sich mindestens acht Wochen lang einmal wöchentlich abends treffen und sich im Schreibprozess gegenseitig unterstützen und begleiten.

7.4.2 Sprache und Stil

W-Fragen zur Textüberarbeitung

In Anlehnung an das Meta-Modell von Bandler und Grinder (1980) möchte ich Sie dazu anregen, bei der Überarbeitung von wissenschaftlichen Texten besonders auf die Textstellen zu achten, die durch Auslassung, Ungenauigkeiten verschiedenster Art, Mehrdeutigkeiten oder Verallgemeinerungen sinngemäß nicht eindeutig sind:

Textausschnitte	*Fragen zur Präzisierung /Differenzierung*
Der Gesprächspartner wurde beleidigt.	Von wem? Wie genau?
Sie möchte besser sein.	Besser als wer? Worin?
Die Vorlesung war langweilig	In welcher Beziehung langweilig, für wen?
Sie hatten offensichtlich ein Problem	Mit wem/womit? Offensichtlich für wen?
Kinder erhalten in der Familie meistens ungeteilte Aufmerksamkeit	Alle Kinder? Aufmerksamkeit von wem? Was genau heißt „meistens"?
Man sollte im Betrieb zu einem echten Miteinander kommen.	Wer ist „man"? Was genau ist ein „echtes Miteinander"? Wer ist daran beteiligt? Wann und wo?
Berne nimmt als Ausgangspunkt die psychosoziale Entwicklung von Kindern.	Als Ausgangspunkt wofür?
Mädchen werden häufig belächelt, wenn sie Physik als Leistungskurs wählen.	Alle Mädchen? Von wem belächelt? Wie häufig?
Diese Sichtweise hat sich erst in den letzten Jahren herausgebildet.	Welche Sichtweise? Bei wem herausgebildet? Was heißt "in den letzten Jahren" genau?
Es liegen nur dürftige und widersprüchliche Ergebnisse vor.	Inwiefern sind die Ergebnisse dürftig und widersprüchlich? Wo /wem /von wem liegen diese Ergebnisse vor?
Ich werde mich mit der Frage beschäftigen, wie Gewaltbereitschaft bei Jugendlichen und jungen Männern entsteht.	Mit der Frage wo beschäftigen, in welchem Rahmen? Bei männlichen und/oder weiblichen Jugendlichen?
Dass die Lehrenden diesem Druck nicht gewachsen sind, ist leicht erkennbar.	Welchem Druck? Nicht gewachsen in welcher Hinsicht? Von wem und woran erkennbar?
Aufgrund mangelnder Angebote entsteht ein Sinnvakuum.	Angebote von wem? Welche Angebote genau? Ein Sinnvakuum welcher Art, bei wem?

Checkliste zur stilistischen Überarbeitung

– Ist Ihr Text grammatikalisch einwandfrei? In Zweifelsfällen verwenden Sie lieber einfachere Konstruktionen. Die Sätze sollten nicht zu lang sein, vor allem nicht verschachtelt.

– Bringen Sie Wichtiges im Hauptsatz unter, weniger Wichtiges in den Nebensätzen. Unwichtiges lassen Sie am besten weg.

– Substantiv und Artikel gehören zusammen: "Würmer" von Wörtern dazwischen sollten nicht vorkommen.

– Eigenschaftswörter haben die Funktion, einen Begriff näher zu erläutern. Wenn Ihnen kein treffendes Adjektiv einfällt, lassen Sie es weg.

- Handlungen werden am besten durch (aktive!) Verben beschrieben. In den meisten Fällen gibt es treffendere als „sein" und „haben".

- Lange Aufzählungen im Text ermüden die LeserInnen. Erstellen Sie lieber eine Tabelle.

- Innerhalb von drei Zeilen sollte jedes Wort möglichst nur einmal vorkommen.

- Modewörter, abgedroschene Metaphern und Phrasen machen einen wissenschaftlichen Text nicht interessanter.

- Überfrachten Sie Ihren Text nicht mit Fremdwörtern. Beschränken Sie sich auf die im Kontext sinnvollen und üblichen Fachausdrücke.

- Halten Sie im gesamten Text - außer in wörtlichen Zitaten - die Stilebene durch, die Ihrer Thematik und Ihrer Textsorte angemessen ist. Eine flopsige Ausdrucksweise wird einen wissenschaftlichen Text nicht aufwerten.

- Streichen Sie Füllwörter und überflüssige Wörter heraus: also alle Wörter, die nichts am Sinn des Textes ändern, wenn sie wegfallen.

- Prüfen Sie die abstrakten Begriffe; bedenken Sie dabei, dass konkrete Details und Beispiele einen Text lebendiger machen.

Zum Weiterlesen empfohlen:
📖 Bünting, Karl-Dieter, Bitterlich, Axel & Pospiech, Ulrike (1996). *Schreiben im Studium. Ein Trainingsprogramm.* Berlin: Cornelsen Scriptor.

7.4.3 Formales und Schlusskorrektur

Wenn der Text überarbeitet ist, wird er für den endgültigen Ausdruck formatiert. Neben der Seitengestaltung des Textteiles müssen Bestandteile wie Deckblatt, Inhaltsverzeichnis, Literaturverzeichnis, Anhang etc. erstellt bzw. überarbeitet und formatiert werden. Orientieren Sie sich dabei an den Richtlinien Ihrer Hochschule.

Wenn die Arbeit formatiert und ausgedruckt ist, mit Deckblatt, Literaturverzeichnis etc. versehen ist, folgt eine allerletzte Korrektur. Die Überprüfung der Rechtschreibung erleichtern heute erfreulicherweise die Textverarbeitungssysteme. Auch die Zeichensetzung sollte selbstverständlich berücksichtigt werden.

Scheuen Sie sich nicht, für den „letzten Schliff" fremde Hilfe in Anspruch zu nehmen. So können Fehler, die Sie schon fünfmal überlesen haben, doch noch gefunden werden.

Literatur

Baer, Ulrich (Hrsg.). (1994). *666 Spiele für jede Gruppe für alle Situationen*. Seelze: Kallmeyersche Verlagsbuchhandlung.

Bandler, Richard & Grinder, John. (1980). *Metasprache und Psychotherapie*. Paderborn: Junfermann.

Baurmann, Jürgen. (1989). Empirische Schreibforschung. In Gerd Antos & Hans P. Krings (Hrsg.), *Textproduktion: ein interdisziplinärer Forschungsüberblick*. Tübingen: Niemeyer.

Becker, Howard S. (1994). *Die Kunst des professionellen Schreibens: ein Leitfaden für die Geistes- und Sozialwissenschaften*. Frankfurt/Main; New York: Campus Verlag.

Bösecke, Harry & Land, Ulrich. (1989). *Worte im Aufwind. 100 Schreibspiele und Schreibaktionen*. Remscheid: Bundesvereinigung Kulturelle Jugendbildung.

Brenner, Gerd. (1994). *Kreatives Schreiben. Ein Leitfaden für die Praxis*. (2. Aufl.) Frankfurt/Main: Cornelson Scriptor.

Bundesvereinigung Kulturelle Jugendbildung (Hrsg.). (1986). *Ich geb's dir schriftlich. Junge Leute schreiben. Aktionen, Werkstätten, Wettbewerbe*. Remscheid: Schriftenreihe der Bundesvereinigung für kulturelle Jugendbildung.

Bünting, Karl-Dieter, Bitterlich, Axel & Pospiech, Ulrike. (1996). *Schreiben im Studium. Ein Trainingsprogramm*. Berlin: Cornelsen Scriptor.

Bünting, Karl-Dieter, Bitterlich, Axel & Pospiech, Ulrike. (2000). *Schreiben im Studium: mit Erfolg. Ein Leitfaden*. Berlin: Cornelsen Scriptor.

Buzan, Tony. (1984). *Kopftraining. Anleitung zum kreativen Denken. Tests und Übungen*. München: Goldmann.

Buzan, Tony & Buzan, Barry. (1997). *Das Mind-Map-Buch. Die beste Methode zur Steigerung ihres geistigen Potentials*. 2. Aufl. Landsberg am Lech: mvg-verl.

Eco, Umberto. (1993). *Wie man eine wissenschaftliche Abschlussarbeit schreibt. Doktor-, Diplom- und Magisterarbeit in den Geistes- und Sozialwissenschaften*. (W. Schick, Trans.). Heidelberg: C.F. Müller. (Originalarbeit erschienen 1977).

Engel, Stefan (2000). Recherche in CD-ROM Datenbanken. In Stefan Engel & Klaus Wilhelm Slapnicar (Hrsg.), *Die Diplomarbeit* (S. 100-120). 2. Aufl. Stuttgart: Schäfer-Poeschel Verlag.

Esselborn-Krumbiegel, Helga. (2002*). Von der Idee zum Text. Eine Anleitung zum wissenschaftlichen Schreiben*. Paderborn: Schöningh.

Franck, Norbert (1998). *Fit fürs Studium. Erfolgreich lesen, reden, schreiben*. München: Deutscher Taschenbuch Verlag.

Gössmann, Wilhelm. (1987). *Theorie und Praxis des Schreibens. Wege zu einer neuen Schreibkultur*. Düsseldorf: Schwann.

Guilford, Joy P. (1970). *Persönlichkeit*. Weinheim: Beltz х

Hafner, Heinz & Wyss, Monika. (1996). *Deutsch: ein Grundlagen- und Nachschlagewerk*. 2. korrig. Aufl. Aarau: Verlag Sauerländer.

Hayes, John R. & Flower, Linda S. (1980). Identifying the Organization of Writing Process. In Lee W. Gregg & Erwin R. Steinberg (Hrsg.), *Cognitive Processes in Writing* S. 3 - 30). Hilsdale, N.J.

Hornung, Antonie. (1996). Schule und experimentelles Schreiben. In Helmut Feilke & Paul R. Portmann (Hrsg.), *Schreiben im Umbruch. Schreibforschung und schulisches Schreiben.* Stuttgart: Klett Verlag.

Krämer, Walter. (1999). *Wie schreibe ich eine Seminar- und Examensarbeit?* Frankfurt/M.; New York: Campus Verlag.

Kruse, Otto. (1997). *Keine Angst vor dem leeren Blatt: ohne Schreibblockaden durchs Studium.* 5. Aufl. (zuerst 1993). Frankfurt/M.: Campus.

Kruse, Otto & Püschel, Edith. (1994). Schreiben, Denken, Fühlen. Ein Workshop gegen Schreibhemmungen. In Helga Knigge-Illner & Otto Kruse (Hrsg.), *Studieren mit Lust und Methode. Neue Gruppenkonzepte für Beratung und Lehre* (S. 39 - 67). Weinheim: Deutscher Studien Verlag.

Langer, Inghard, Schulz von Thun, Friedemann & Tausch, Reinhard. (1993) *Sich verständlich ausdrücken.* 5. verb. Aufl. München; Basel: E. Reinhardt.

Mattenklott, Gundel. (1979). *Literarische Geselligkeit, Schreiben in der Schule.* Stuttgart: Metzler.

Molitor-Lübbert, Sylvie. (1989). Schreiben und Kognition. In Gerd Antos & Hans P. Krings (Hrsg.), *Textproduktion: ein interdisziplinärer Forschungsüberblick.* Tübingen: Niemeyer.

Narr, Wolf-Dieter & Stary, Joachim. (Hrsg.). 1999. *Lust und Last des wissenschaftlichen Schreibens. Hochschullehrerinnen und Hochschullehrer geben Studierenden Tipps.* Frankfurt/M.: Suhrkamp.

Nitsch, Jürgen, R., Hoff, Heinz-Günther, Mickler, Werner, Moser, Thomas, Seiler, Roland & Teipel, Dieter. (1994). *Der rote Faden. Eine Einführung in die Technik wissenschaftlichen Arbeitens.* Köln: bps-Verlag.

Portmann, Paul R. (1996). Arbeit am Text. In Helmut Feilke & Paul R. Portmann (Hrsg.), *Schreiben im Umbruch. Schreibforschung und schulisches Schreiben.* Stuttgart: Klett Verlag.

Pyerin, Brigitte. (1998). Kulturpädagogik. Theoretische Grundlagen, Interventionsformen und Praxisbeispiele. In Brigitte Pyerin, *Interventionslehre Sozialer Arbeit II. Themenbereich Bilden und Animieren* (4. Veränderte Aufl.). Görlitz: Hochschuldruck.

Pyerin, Brigitte. (2002). Kreatives wissenschaftliches Schreiben als Baustein einer innovativen Hochschuldidaktik. In Herbert Bock (Hrsg.), *Kommunikationspsychologie. Bericht über die 3. Internationale Tagung für Psychologie an Fachhochschulen.* Görlitz: Institut für Kommunikation, Information und Bildung e.V., edition kib.

Richtlinien zur Manuskriptgestaltung (1997). Hrsg. v. der Deutschen Gesellschaft für Psychologie. 2., überarb. und erw. Aufl. Göttingen; Bern; Toronto; Seattle: Hogrefe, Verlag für Psychologie.

Rico, Gabriele. (1984). *Garantiert schreiben lernen. Sprachliche Kreativität methodisch entwickeln - ein Intensivkurs auf der Grundlage der modernen Gehirnforschung.* Reinbek: Rowohlt.

Rieck, Wolf & Ritter, Ulrich Peter. (1983). Lernsituationen in der Hochschulausbildung. In: *Enzyklopädie Erziehungswissenschaft, Bd. 10,* hrsg. v. Ludwig Huber. Stuttgart.

Rogers, Carl R. (1959). Toward a Theory of Creativity. In Harold H. Anderson (Hrsg.), *Creativity and its Cultivation*. New York.

Röhrs, Hermann. (Hrsg.) (1981). *Das Spiel - ein Urphänomen des Lebens.* Wiesbaden: Akademische Verlagsgesellschaft.

Rückriem, Georg, Stary, Joachim & Franck, Norbert. (1995). *Die Technik wissenschaftlichen Arbeitens: eine praktische Anleitung.* 9. Aufl. Paderborn; München; Wien; Zürich: Schöningh.

Scheidt, Jürgen vom. (1993). *Kreatives Schreiben. Wege zu sich selbst und zu anderen.* Frankfurt/M.: Fischer Taschenbuch Verlag.

Schneuwly, Bernard. (1996). Der Nutzen psychologischer Schreibforschung für die Didaktik des Schreibens. In Helmut Feilke & Paul R. Portmann (Hrsg.), *Schreiben im Umbruch. Schreibforschung und schulisches Schreiben.* Stuttgart: Klett Verlag.

Schulte-Steinicke, Barbara. (1996). *Entspannung, wissenschaftliches Schreiben und NLP. Ein kreativer Übungsleitfaden für Frauen an Hochschulen.* Berlin: Schibri-Verl.

Schulte-Steinicke, Barbara. (1997). *Autogenes Training und Kreatives Schreiben.* Berlin: Schibri-Verl.

Sesink, Werner. (1994). *Einführung in das wissenschaftliche Arbeiten ohne und mit PC.* 2., völlig überarb. und aktualisierte Aufl. München; Wien: Oldenbourg Verlag

Spiel und Spaß (1985). *Spielesammlung zum sozialen, kreativen Lernen.* Hrsg.: Katholische Jungschar der Diözese Linz. Gallneukirchen.

Stary, Joachim & Kretschmer, Horst. (1994). *Umgang mit wissenschaftlicher Literatur: eine Arbeitshilfe für das sozial- und geisteswissenschaftliche Studium.* Frankfurt/Main: Cornelson, Scriptor.

Steinbuch, Ursula. (1994). Redetraining - Abbau von Redeangst. In Helga Knigge-Illner & Otto Kruse (Hrsg.), *Studieren mit Lust und Methode. Neue Gruppenkonzepte für Beratung und Lehre* (S. 144 - 162). Weinheim: Deutscher Studien Verlag.

Stitzel, Michael (1999). Zur Kunst des wissenschaftlichen Schreibens - bitte mehr Leben und eine Prise Belletristik! In Wolf-Dieter Narr & Joachim Stary (Hrsg.), *Lust und Last des wissenschaftlichen Schreibens. Hochschullehrerinnen und Hochschullehrer geben Studierenden Tipps.* Frankfurt/Main: Suhrkamp.

Thiesen, Peter. (1995). *Kreatives Spiel mit Kindern, Jugendlichen und Erwachsenen.* Köln; München: Stam Verlag.

Vopel, Klaus W. (1998a). *Schreibwerkstatt. Eine Anleitung zum kreativen Schreiben für Schüler, Lehrer und Autoren. Band 1.,* 2. vollst. überarb. Neuauflage. Salzhausen: iskopress.

Vopel, Klaus W. (1998b). *Schreibwerkstatt. Eine Anleitung zum kreativen Schreiben für Schüler, Lehrer und Autoren. Band 2.,* 2. vollst. überarb. Neuauflage. Salzhausen: iskopress.

Wagner, Wolf. (1997). *Uni-Angst und Uni-Bluff. Wie studieren und sich nicht verlieren.* 4. Aufl. Hamburg: Rotbuch Verlag.

Welsh, Renate. (1992). *Schreibwerkstatt.* Heidelberg: Stadtbücherei Heidelberg.

Werder, Lutz von. (1993). *Lehrbuch des wissenschaftlichen Schreibens.* Berlin; Milow: Schibri-Verl.

Werder, Lutz von. (1994). *Wissenschaftliche Texte kreativ lesen.* Berlin: Schibri-Verlag.

Werder, Lutz von. (1995 a). *Kreatives Schreiben in den Wissenschaften: für Schule, Hochschule und Erwachsenenbildung.* 2. Aufl. Berlin; Milow: Schibri-Verlag.

Werder, Lutz von. (1995 b) *Wissenschaftliches Schreiben. Die Grundübungen.* Hrsg. v. Hochschuldidaktischen Zentrum (HDZ) an der Alice-Salomon Fachhochschule für Sozialarbeit und Sozialpädagogik Berlin.

Werder, Lutz von. (1996). *Lehrbuch des kreativen Schreibens.* 3. Aufl. Berlin; Milow: Schibri-Verlag. (1. Aufl. 1990)

Werder, Lutz von. (1998). *Kreatives Schreiben von Diplom- und Doktorarbeiten.* 2. Aufl. Berlin: Schibri-Verl.

Quellennachweise

Chronologisch geordneter Quellennachweis für die Spiele, Übungen und Methoden des 4. Kapitels

Clustern und schreiben zum eigenen Namen: vgl. Schulte-Steinicke 1997, S. 55; von Werder 1995a, S. 32.

An verschiedenen Orten schreiben: vgl. Kruse 1997, S. 62.

Befindlichkeit beschreiben: vgl. Kruse & Püschel 1994, S. 49

Fotogeschichte: vgl. von Werder 1993, S. 186.

Gucklochtext: nach Endelmann 1998, Übung im Rahmen der Lehrveranstaltung „Kommunikationsjournal", Hochschule Zittau/Görlitz (FH).

Wiederkehrende Elemente: nach Rico 1984, S. 116 ff.

Schreiben nach Bildern: Anregung aus von Werder 1996, S. 75.

Schreiben nach Musik: Anregung aus von Werder 1996, S. 75.

Kurznovelle: vgl. von Werder 1993, S. 187.

Schreiberfahrungen: vgl. von Werder 1996, S. 102.

Aufgeräumter Schreibtisch: vgl. Kruse 1997, S. 62 f.

Meine Themen: vgl. Kruse 1997, S. 74

Lyrische Wissenschaft: vgl. von Werder 1995a, S. 23.

Wissenschaftliche Lyrik: vgl. von Werder 1995a, S. 24.

Geschichte der eigenen Ideen: vgl. von Werder 1995a, S. 22.

Kinderaugen: vgl. Kruse & Püschel 1994, S. 50 f.

Übersetzung: vgl. von Werder 1995a, S. 22.

Zwei Sprachen: vgl. von Werder 1995a, S. 23

Schreibfreude erleben: vgl. Kruse 1997, S. 61.

Drei Schreibweisen: vgl. von Werder 1993, s. 218.

Angenehme und unangenehme Begriffe: vgl. Kruse 1997, S. 68.

Angenehme und unangenehme Ideen: vgl. Kruse 1997, S. 68

Begriffen eine Form geben: nach Vopel 1998a, S. 49.

Imaginäre Wissenschaftsgeschichte: vgl. von Werder 1995a, S. 22.

Beschreibung (mit allen Sinnen): vgl. von Werder 1993, S. 187.

Beschreibung (möglichst objektiv): vgl. von Werder 1993, S. 187.

Reporter: vgl. von Werder 1993, S. 187.

Das Ich nicht eliminieren: vgl. Kruse 1997, S. 82 f.

Namen buchstabieren: vgl. Welsh 1992.

Vierzeiler: vgl. Baer 1994, S. 382.

Dichterlesung: vgl. Baer 1994, S. 101.

Reihumschreiben: vgl. Baer 1994, S. 314.

Dialogisches Schreiben: nach von Werder 1996, S. 284.

Metaphernmeditation: vgl. Thiesen 1995, S. 50.

Ich bin der Prinz - Märchen erfinden: vgl. Baer 1994, S. 189.

Zeitungsmärchen: vgl. Thiesen 1995, S. 153.

Assoziationsspirale: vgl. Welsh 1992.

Meine Schreibbiographie: Anregung aus dem Ausbildungsgang „Wissenschaftliches und berufliches Schreiben" für Studierende und Lehrende. Institut für Kreatives Schreiben e. V. Berlin.

Drei Sprachen: nach Kruse 1997, S. 72.

Vorlesen, Paraphrasieren, Vortragen: vgl. Steinbuch 1994, S. 154.

Mal- und Schreibdiskussion: vgl. Baer 1994, S. 238.

Vier wissenschaftliche Begriffe: vgl. von Werder 1995a, S. 23.

Wissenschaftsparodie: nach Kruse 1997, S. 85.

Free-Writing: vgl. von Werder 1993, S. 111 - 114; von Werder 1995a, S. 29 - 32.

Free-Writing-Texte verdichten: Anregung aus dem Ausbildungsgang „Wissenschaftliches und berufliches Schreiben" für Studierende und Lehrende. Institut für Kreatives Schreiben e. V. Berlin.

Kurzer Prosatext: vgl. Becker 1994, S. 114.

Elfchen: vgl. von Werder 1996, S. 147.

Schneeball: vgl. von Werder 1996, S. 222.

Haiku: vgl. von Werder 1996, S. 296.

Serielles Schreiben: vgl. Schulte-Steinicke 1997, S. 67.

Beidhändiges Schreiben: Anregung aus dem Ausbildungsgang „Wissenschaftliches und berufliches Schreiben" für Studierende und Lehrende. Institut für Kreatives Schreiben e. V. Berlin.

Mit allen Sinnen schreiben: vgl. Schulte-Steinicke 1996, S. 37 f.

Gefühlsgedicht mit allen Sinnen: nach von Werder 1996, S. 255.

Clustering: Rico 1984, S. 27 - 49; von Werder 1995a, S. 32 - 36; Kruse 1997, S. 34 f.; Schulte-Steinicke 1997, S. 56.

Brainstorming: vgl. von Werder 1995a, S. 37 f.; von Werder 1996, S. 83 ff.

Mindmapping: von Werder 1995a, S. 39 - 43; von Werder 1996, S. 83; Kruse 1997, S. 97 ff.; Buzan & Buzan 1997, S. 64f.

Das wissenschaftliche Journal: vgl. von Werder 1995a, S. 17 - 20; Kruse 1997, S. 35 - 37.

Chronologisch geordneter Quellennachweis für die Übungen im 7. Kapitel

Arbeitsteiliges Schreiben: vgl. Kruse & Püschel 1994, S. 56.

Free-Writing: erste Annäherung an ein Thema: vgl. von Werder 1995a, S. 30.

Free-Writing: die erste Vision aufs Papier bringen: vgl. von Werder 1995a, S. 31.

Clustern: Ideen sammeln und Beziehung zum Thema klären: nach von Werder, Ausbildungsgang „Wissenschaftliches und berufliches Schreiben" für Studierende und Lehrende. Institut für Kreatives Schreiben e. V. Berlin.

Suche nach Informationen und Schreibstimuli: vgl. von Werder 1995a, S. 58.

Motivation erkunden: vgl. von Werder 1995a, S. 55.

Erinnerungen: vgl. von Werder 1995a, S. 59.

Träume: vgl. von Werder 1995a, S. 57.

Informationen sammeln, sammeln, sammeln: vgl. von Werder 1995a, S. 55 f.

Fünf Startfragen: vgl. von Werder 1993, S. 227.

Listen anlegen: vgl. von Werder 1993, S. 218.

Gedankenkasten: vgl. von Werder 1996, S. 203 f.

Rollenprosa: vgl. von Werder 1993, S. 218.

Journal-Schreiben: vgl. von Werder 1993, S. 219.

Vorurteile: vgl. von Werder 1995a, S. 31.

Dialoge: vgl. von Werder 1995a, S. 31.

Wahrheiten und Lügen: vgl. von Werder 1995a, S. 31.

Beobachten: vgl. von Werder 1993, S. 228.

Beschreiben: vgl. von Werder 1995a, S. 60.

Kamera spielen und beobachten: vgl. von Werder 1995a, S. 56.

Leute befragen - als ReporterIn unterwegs: vgl. von Werder 1993, S. 227 und 1995a, S. 59.

Informationssortiment: vgl. von Werder 1995a, S. 58.

Lesen: schnell und langsam: vgl. von Werder 1995a, S. 59.

Absahnen: vgl. von Werder 1995a, S. 59.

Telefon, Fax & Co: vgl. von Werder 1995a, S. 60.

Eintauchen - Netzwerke erkunden - Kontakte knüpfen: vgl. von Werder 1995a, S. 56.

Thema eingrenzen: vgl. von Werder 1995b, S. 57; Franck 1998, S. 62

Der rote Faden: vgl. von Werder 1995a, S. 61.

Gliederungsstrategien: vgl. von Werder 1995a, S. 66.

Den roten Faden erstellen: vgl. von Werder 1995a, S. 64 f.

Schreibbilder: vgl. von Werder 1995a, S. 62.

Absätze und Überschriften: vgl. von Werder 1995a, S. 64.

Auf Distanz gehen: vgl. von Werder 1995a, S. 63.

Autobiographische Erzählungen: vgl. von Werder 1995a, S. 63.

Perspektive des Lesers: vgl. von Werder 1995a, S. 62.

Die Rohfassung: vgl. von Werder 1995a, S. 61 ff.

Kleinste Formen des wissenschaftlichen Diskurses: TABZ und TABÜ: von Werder 1998, S. 88.

Argumentationsketten und Gliederungsmuster: Büntig, Bitterlich & Pospiech 1996, S. 183 - 185.

Sich verständlich ausdrücken:

Drei einfache Regeln: Franck 1998, S. 118 - 123

Vier Merkmale: vgl. Langer, Schulz von Thun & Tausch 1993, S. 16-22;

Beispieltexte: Cordula Karich (Studentin der Hochschule Zittau/Görlitz FH) & Brigitte Pyerin nach Langer, Schulz von Thun & Tausch 1993, S. 17, 19, 21, 22.

Textanfang und Schluss: vgl. von Werder 1995a, S. 64 f.; Franck 1998, S. 133 f.

Überarbeitungscheckliste: Kruse 1997, S. 112.

Methoden zur Überarbeitung /Umformung der Rohfassung, Unterstützung durch TestleserInnen und Schreibgruppen: vgl. von Werder 1995a, S. 74 - 77; von Werder 1996, S. 91.

W-Fragen zur Textüberarbeitung: nach Bandler & Grinder 1980.

Checkliste zur stilistischen Überarbeitung: vgl. von Werder 1996, S. 91; Becker 1994, S. 98 ff.

Schlusskorrektur: vgl. Kruse 1997, S. 116.

Sachregister